I0511291

Doreen Anette Ullrich

Diversity Management & Leadership 2.0

Welchen strategisch-organisationalen Beitrag kann eine „Diversity-Management-Initiative für internationale Führungskräfte" im Rahmen eines „Leadership und Business Excellence Ausbildungsprogramms" leisten?

© 2015 MOONHOUSE Publishing

Lektorat: Wolfgang Schreitl

Covergestaltung: Catrin Knußmann

Alle Rechte vorbehalten

www.moonhouse.biz

Inhalt

© Doreen Anette Ullrich

Zeichenerklärung

Abb. = Abbildung

Anm. d. Verf. = Annahme des Verfassers

bzw. = beziehungsweise

bspw. = beispielsweise

DiM = Diversity Management

ebd. = ebenda

etc. = et cetera (lat.: »und so weiter«)

f = folgende

ff = fortfolgende

Hrsg. = Herausgeber

S. = Seite

u.a. = unter anderem

u.ä. = und ähnliche/n

vgl. = vergleiche

z.B. = zum Beispiel

© Doreen Anette Ullrich

1. Einführung

Die vorliegende Arbeit ist Bestandteil eines im Rahmen der Personalentwicklung bei der Zukunft AG gestarteten Veränderungsprozesses in Bezug auf die Optimierung des Diversity-Managements. Es handelt sich hierbei um eine „Formative Prozessbegleitung" der Aus- und Weiterentwicklung von „Leadership und Business Excellence Ausbildungsprogrammen" in einem fiktiven Unternehmen. Die Ausbildungsprogramme dienen neben fachlicher Qualifikation, der kontinuierlichen Weiterentwicklung und Verbesserung der Lernkultur sowie der Kompetenzentwicklung der Mitarbeiterinnen und Mitarbeiter und Führungskräfte eines international aktiven Konzerns.

Entwickelt hatte sich die Forschungs- und Entwicklungsidee aus der jahrelangen Erfahrung eines Top-Managers des Unternehmens, der die Aussage Erpenbeck`s (2007) vertritt, dass ein isoliertes institutionalisiertes und expliziertes Lernen im Sinne herkömmlicher Fort- und Weiterbildung weitgehend erfolglos bleiben muss, wenn es nicht mit der entsprechenden Motivation der Betroffenen auch im Prozess der Arbeit und im Kontext der gesamten Organisation erfolgt (vgl. Erpenbeck, 2007, S. 174ff). Das Ausbildungsprogramm der Zukunft AG beschäftigt sich u.a. mit Grundfragen der Kompetenzentwicklung, wie Lernen im Prozess der Arbeit, Lernen im sozialen Umfeld, Lernen durch Weiterbildungsmaßnahmen wie z.B. Fachqualifizierungen, Soft-Skills sowie Lernen mit Multimedia. Da es das politische Ziel des Unternehmens ist, dass solche Prozesse und Ergebnisse entsprechende Breitenwirkungen entwickeln, wurde eine „Formative Prozessbegleitung" geschaffen. Eine der Aufgaben der Prozessbegleitung ist es zu prüfen, inwieweit die Thematik des „Diversity-Management" die firmeninterne Meinung berührt, sich explizit in den besagten Ausbildungsprogrammen der Zukunft AG bereits wiederspiegelt, und oder bei Bedarf optimiert bzw. neuausgerichtet werden sollte.

2. Aktueller Stand des Diversity Management

Die Beschäftigung mit Diversity Management folgt der Dynamik der Internationalisierung. Vor allem durch Unternehmenszusammenschlüsse, Fusionen, Verlagerungen oder auch im Zuge von Venture Capital Beteiligungen werden internationale Unternehmen [wie in unserem Fallbeispiel die Zukunft AG mit Stammsitz in Deutschland und Standorten und Produktionsbetrieben in 15 Ländern weltweit], mit den Zielsetzungen und Leitlinien des Diversity Management konfrontiert und fungieren [einerseits als Vorreiter und andererseits] als Katalysator bei der Entwicklung eines europäisch geprägten Diversity Management, welches der unterschiedlichen Genese der Managementsysteme und Organisationskulturen in verschiedenen Kulturräumen Rechnung trägt (vgl. Becker et al., 2006, S. 5).

© Doreen Anette Ullrich

3. Ziel dieser Arbeit

Aufbauend auf der Prämisse das Vielfalt in Organisationen als Ressource verstanden wird, die ökonomische Vorteile in sich birgt, wird in diesem Buch ein Konzept vorgeschlagen und weiterentwickelt, welches die sich ständig verändernden globalen Rahmenbedingungen mitberücksichtigt und Diversity als Chance für die erfolgreiche Weiterentwicklung eines Unternehmens begreift.

Die Arbeit versteht sich als Versuch das Bewusstsein dahingehend zu wecken, die vorhandene Vielfalt eines Unternehmens in das alltägliche Geschäft zu integrieren, sie zu managen, sowie die größtmöglichen Vorteile daraus zu ziehen. Hierbei geht Diversity-Management über die klassischen Gleichberechtigungs- und Gleichstellungsmaßnahmen hinaus. Nicht die Gleichbehandlung der betroffenen Führungskräfte, Managerinnen und Manager steht im Vordergrund sondern gerade das Erkennen, dass in der Unterschiedlichkeit der Individuen die ungenutzten Potenziale liegen können.

Die gewonnenen Erkenntnisse aus einer Organisation der Vielfalt sollen hierbei auf allen Ebenen Transparenz, Anerkennung und Wertschätzung erfahren.

Der Entwurf eines ganzheitlichen Diversity-Konzepts ist somit das Hauptziel dieses kurzen Fachbuches und stellt zugleich den bewusst angestrebten Wandel eines Unternehmens hin zu einer multikulturellen Organisation dar.

Eine der Aufgaben im Vorfeld ist es zu überprüfen ob in der Zukunft AG überhaupt die Notwendigkeit für Diversity-Management im Sinne einer Veränderung bestehender Strukturen bzw. einer Neuausrichtung existiert. Gleichzeitig sollen mögliche Hindernisse, welche die Einführung einer DiM[1]-Strategie erschweren könnten aufgedeckt, analysiert und bewertet werden.

Denn „ungemanagt oder „lasch gemanagt" kann Diversity in der Belegschaft zu Spannungen, Konflikten und damit zu Produktivitätsbußen führen (vgl. Tuchtfeldt, 2009, S. 2).

4. Aufbau der Arbeit

Der Einleitung und den Zielen der des vorliegenden Werkes folgend, finden sich im Anschluss drei Kapitel.

Nach kurzen begriffsbildenden Grundlagen im Kapitel 5, wobei der Frage nachgegangen wurde, was die Zukunft AG derzeit grundsätzlich unter Diversity versteht, wurde das Unternehmen nach objektiven Tatsachen (Reifegrad der Organisation) und subjektiven Empfindungen des Autors in das Drei-Ebenen-Modell des DiM eingeordnet. Zugleich wurde

---

[1] Diversity-Management (vgl. Zeichenerklärung)

© Doreen Anette Ullrich

eine diesbezügliche Abgrenzung über den Umfang der DiM-Maßnahmen vorgeschlagen. Hiermit sollen einerseits die fundamentalen Ziele der Organisation im derzeitigen Veränderungsprozess Berücksichtigung finden und andererseits das Unternehmen mit der umfassenden Thematik des Diversity-Spektrums nicht überfordert werden. In Punkt 5.3. wird auf die Ursachen für den Prozessbeginn der derzeitigen Diversity Initiative der Zukunft AG eingegangen und im nächsten Schritt (Punkt 5.4.) Vorschläge unterbreitet in welchem Rahmen sich die künftigen Forschungszugänge in Bezug auf die stete Weiterentwicklung einer nachhaltigen DiM-Strategie bewegen könnten.

In Kapitel 6 werden die durch die laufenden DiM-Awareness-Trainings bereits stattfindenden Korrelationen zwischen Diversity und Organisationsentwicklung in der Zukunft AG offengelegt und im Weiteren die strategischen Vorteile eines gezielten Engagements sowie maßgebliche Grenzen und „Stolpersteine" des Diversity ins Bewusstsein gerufen.

Kapitel 7 ist dem Überblick von Methoden gewidmet, um Diversity als ganzheitliches Konzept sukzessive ins Unternehmen zu implementieren. Hier soll deutlich werden, welche Elemente die erfolgreiche Einführung eines ganzheitlichen DiM in der Praxis unterstützen können. In diesen Ausführungen findet einerseits die bereits laufende DiM-Initiative innerhalb der „Leadership und Business Excellence Ausbildungsprogramme" im Unternehmen Er- und Aufklärung (Punkt 7.1.) und andererseits wird die Notwendigkeit dargelegt, künftig über die bewusste Erhebung vorhandener Diversity Kompetenzen (Ist-Zustand), die eines Soll-Zustandes, sowie über einen Abgleich aus beiden Analysen nachzudenken und zu reflektieren (Punkt 7.2). Diese Maßnahmen stellen aus Sicht der Autorin den wesentlichen Baustein für die Implementierung einer individuellen und damit erfolgreichen DiM-Strategie in der Zukunft AG dar. Am Ende dieses Kapitels (Punkt 7.3.) wird die Einführung einer Evaluierungsmethode vorgestellt, wobei die Verfasserin der Zukunft AG die Einführung einer Diversity Scorecard empfohlen hat, die in der Organisation bereits diskutiert wurde. Abschließend fasst Kapitel 8 die gewonnenen Erkenntnisse zusammen und zeigt ein paar einfach zu realisierende Maßnahmen für den bewussten Umgang mit Diversity in beruflichen Alltagssituationen der Organisationsmitglieder auf.

© Doreen Anette Ullrich

Die Nachfolgende Tabelle 1 veranschaulicht den Aufbau dieser Arbeit.

Kapitel 1- 4	
Einführung , Ziele des Buches - State of the Art des Diversity Managements	
Kapitel 4	
Aufbau der Arbeit	
Kapitel 5	
Begriffsbildende Grundlagen im Kontext des Unternehmens Zukunft AG	
Einordnung des Unternehmens ins Drei-Ebenen-Modell des DiM	Besondere Ausgangssituation in der Organisation Ursache des Prozessbeginns
Mögliche Forschungszugänge im Rahmen einer künftigen DiM Strategie-weiter-entwicklung	
Kapitel 6	
Diversity-Management und Organisationsentwicklung in der Zukunft AG	
DiM als strategisches Werkzeug zur Steigerung des Businesspotentials	Chancen-Grenzen-Stolpersteine
Kapitel 7	
Vorstellung eines Diversity-Management-Konzepts für die Zukunft AG	
Methoden zur Implementierung eines DiM-Konzepts	Gestaltung einer DiM-Initiative innerhalb der „Leadership und Business-Excellence-Ausbildungsprogramme" als Pilot
Diversity Kompetenzen erheben und nutzen Ist-Soll-Erhebung und Abgleich mit den strategischen Zielen des Unternehmens	
Diversity-Scorecard als Evaluationsinstrument des Diversity-Management	
Kapitel 8	
Fazit/ Ausblick	

Abb.: Tabelle 1: Aufbau der Arbeit, eigene Darstellung

5. Begriffsbildende Grundlagen

5.1. „Diversity" aus Sicht der Zukunft AG

Da aus Sicht der Autorin für viele Unternehmen der Begriff Diversity noch nicht klar definiert und bekannt ist, hat die Autorin gemeinsam mit dem Prozessverantwortlichen der Organisation folgende Definitionen herausgearbeitet, die dem Verständnis von Diversity im Unternehmen am Nächsten kommen:

Stuber (2000): „Diversity Management besteht in einer pro-aktiven Gestaltung und synergetischen Nutzung von Vielfalt."

„Diversity Management ist eine ökonomisch begründbare Umsetzung und Nutzbarmachung der Vielfalt von MitarbeiterInnen innerhalb einer Organisation (interne Dimension von Diversity Management). Werden diese Vielfalt und Unterschiede stringent gepflegt und kultiviert, stellen sie eine positive Kraft für ein Unternehmen dar: Diversity Management betont die Notwendigkeit, die kulturellen Unterschiede einzelner Arbeitnehmergruppen zu erkennen und diese bei der Gestaltung der Unternehmenspolitik angemessen zu berücksichtigen. [...] Diversity Management ist zuallererst eine Strategie zur Verbesserung der Effizienz und Wettbewerbsfähigkeit eines Unternehmens, angetrieben von

© Doreen Anette Ullrich

Geschäftszielen und Marktvorteilen. Der zugrundeliegende Gedanke ist, dass ein Umfeld von kultureller Verschiedenartigkeit, in dem Unterschiede zwischen Personen geschätzt werden, es den Mitarbeitern ermöglicht, sich in einer reicheren, kreativeren und produktiveren Arbeitsumgebung vollständig einzubringen." (John Wrench, 2000)

Diversity Management ist die "Schaffung von Arbeitsbedingungen, unter denen alle Beschäftigten ihre Leistungsfähigkeit und -bereitschaft entwickeln und entfalten können, unabhängig von ihren personen- und verhaltensimmanenten Merkmalen." (vgl. Krell, 2007)

5.2. Die Anwendung des Drei Ebenen Modells des Diversity Management im Unternehmen Zukunft AG

„Zur Erfassung des gegenwärtigen Standes von Diversity-Management in Theorie und Praxis ist ein mehrdimensionales Vorgehen sinnvoll, welches sich anhand des Drei-Ebenen-Modells der Diversity- Management-Forschung abbilden lässt" (Becker, 2006, S.6).

Die Bestimmung des optimalen Grades an Diversity steht in engem Zusammenhang mit dem jeweiligen Reifegrad[2] eines Unternehmens, hierbei muss der zu erwartende Nutzen den Kosten gegenüber gestellt werden. Ressourcenorientierte Ansätze dienen der Beurteilung des Beitrages zum Unternehmenserfolg, vor allem hinsichtlich zu treffender „make-or-by Entscheidungen" in Bezug auf entstehende Transaktionskosten, z.B. DiM-Trainings, DiM-Beraterinnen und Berater, etc. Da die Zukunft AG in der Lage ist, die eigenen Kernkompetenzen mit den Kernkompetenzen kooperierender Unternehmen zu paaren und in dieser Symbiose marktfähige Produkte und Dienstleistungen herzustellen, ist sie aus Sicht der Autorin, als Unternehmen der dritten Generation zu bezeichnen. Es kann somit festgehalten werden, dass seitens der Zukunft AG Diversity als echte Ressource verstanden wird, da bewusst fokussiertes, strategisches Diversity-Management am stärker globalisierenden Wirtschaftsmarkt einen einmaligen Geschäftsvorteil darstellen kann, der weder einfach zu imitieren noch zu substituieren ist und damit eine hohe Werthaltigkeit und Wertnachhaltigkeit für das Unternehmen bedeuten kann (vgl. ebd. S. 234ff).

Diesbezüglich gilt es jedoch abzugrenzen, was mit Diversity im derzeit stattfindenden Veränderungsprozess gemeint ist, denn fasst man DiM als „catch-all"-Variable auf, um sämtliche Unterschiede der Belegschaft darin zu bündeln, ohne eine qualifizierte Aussage über eine relevante Bedeutung im Zielsystem des Unternehmens zu treffen, würde das

---

[2] Es existieren 3 Reifegrade für Unternehmen: Generation 1 = ist als organisationales „panta-rhei" („alles fließt", als mit dem Strom schwimmend" zutreffend gekennzeichnet - wenig Proaktiv gestaltend, als vielmehr eine Anpassung an den „mainstream"; Genration 2 = die hohe Dynamik der Umweltveränderung lässt Unternehmen dieses Reifegrades nach einer neuen Orientierung suchen, ist zumeist von starker Unsicherheit gekennzeichnet und von MA in Schlüsselpositionen abhängig; Generation 3 = ein effizienter Austausch kann nur gelingen, wenn die Heterogenität des Netzwerkes interpretiert werden kann, deshalb werden MA benötigt, die eine hohe Flexibilität, Kreativität und Innovationsfähigkeiten besitzen um das heterogene Leistungsangebot des Netzwerkes zu übersetzen (vgl. ebd. S.234ff).

© Doreen Anette Ullrich

Phänomen „Diversity" zu einer „inhaltsleeren Formel" mutieren. Die fokussierte Betrachtung einzelner Diversitätsmerkmale hat sich somit auch bei der Zukunft AG an ihrer Relevanz für die Unternehmensaufgabe zu orientieren (vgl. ebd. S.13).

5.3. Besondere Ausgangsituation in der Organisation: Anlass zum DiM-Prozessbeginn

⇒ Das zuständige Team der „Leadership-Ausbildungsprogramme" sowie die Führungsverantwortlichen spürten, dass Unstimmigkeiten in Bezug auf Inhalte (z.B. Eindeutigkeit versus Mehrdeutigkeit, allgemeines Sprachverständnis im Kontext einer Lingua franca[3]), nachhaltigem Wert/ Nutzen der Qualifizierungsmaßnahmen sowie Kommunikationsdefizite im weiteren Sinne auftraten.

⇒ Da internationale Projektteams aufgrund der Wettbewerbsdynamik schneller qualifiziert werden müssen um „global fit" zu sein, muss kontinuierlich eine gemeinsame Basis im Bildungsniveau geschaffen werden.

⇒ Das Bewusstwerden über allzu unterschiedliche Werthaltungen innerhalb des Unternehmens verhinderte teilweise erfolgreiche Ergebnisse in der strategischen Ausrichtung diverser Projekte.

⇒ Nach Zusammenschlüssen von Abteilungen oder dem raschen Festlegen von Projektteams trafen unterschiedliche Kulturen, Sicht- und Arbeitsweisen aufeinander, wobei es gilt, eine neue, gemeinsam mögliche Arbeitsweise bzw. Teamkultur zu etablieren, um effizienter zu arbeiten.

⇒ Führungskräfte mit umfassender interkultureller Erfahrung spüren die Kraft der Unterschiedlichkeit und möchten sie für das Unternehmen künftig optimaler nutzen.

⇒ Interkulturelle Führungskräfte mit langjähriger Betriebszugehörigkeit des Konzerns wollen Managing Diversity gezielter nutzen, um bei Kommunikationskonflikten in ihren Teams oder Abteilungen souveräner mit- und einwirken zu können.

⇒ Ein aktueller Auftrag im arabischen Kulturraum hinsichtlich notwendiger, religiöser Glaubensbekenntnisse der an diesem Projekt mitwirkenden Zukunft AG-Mitarbeiter, veranlasste die Projektverantwortlichen weiterführende und umsetzbare Lösungen zu generieren.

In Anbetracht dieser ermittelten Defizite stehen im derzeitigen Focus der Untersuchungen vor allem die Optimierung unternehmensinterner Kommunikationstools und diese im Zusammenhang mit der Diversität des Unternehmens näher zu beleuchten.

---

[3] mit arabischen Elementen vermischte romanische, vorwiegend italienische Verkehrssprache des Mittelalters meist für Handel und Seefahrt im östlichen Mittelmeer, Verkehrssprache eines größeren mehrsprachigen Raums (Duden)

© Doreen Anette Ullrich

5.4. Forschungszugänge im Rahmen einer DiM-Strategieentwicklung in der Zukunft AG

Im Focus akteursorientierter Forschung in der Zukunft AG könnte z.b. die Beantwortung der Frage: „Wie sich das Leistungsverhalten von heterogenen Gruppen unterschiedlicher ethischer Herkunft in Bezug auf den Führungsstil oder das Kommunikationsverhalten auswirkt", zu situations-, system-, und wesensgerechteren Führungsstilen und damit zu erhöhter Effizienz im Unternehmen führen (vgl. Becker, S.25).

Der ziel- und zweckorientierte Forschungsansatz würde innerhalb der bewussten DiM-Strategieweiterentwicklung nur nachprüfen, ob die anwendungsorientierte Erforschung und praktische Ausgestaltung der Diversität entsprechend der unternehmensbezogenen strategischen Zielsetzungen erfolgt, nämlich in der Erhöhung der Anpassungsfähigkeit an sich verändernde Marktbedingungen durch den gezielten Aufbau einzigartigen, schwierig imitierbaren Humankapitals sowie operational auf eine gesteigerte Problemlösungsfähigkeit in heterogenen Arbeitsgruppen des Unternehmens (vgl. ebd., S. 27).

Im Rahmen der Weiterentwicklung der Leadership Ausbildungsprogramme" erforscht die Autorin derzeit gemeinsam mit dem Prozessverantwortlichen des Unternehmens **inhaltsorientierte Elemente** mit Focus auf **verhaltensbezogene Diversität**. In Form von „DiM-Awareness-Trainings" wird hierbei empirisch untersucht, wie die Erfahrungen der betroffenen Führungskräfte in der Zukunft AG in Bezug auf verhaltenswirksame Einstellungen im Umgang mit Diversity sind. Bezeichnend sind hierbei z.B. folgende Aussagen: „Mitarbeiterinnen und Mitarbeiter aus technischen Abteilungen können nicht kundenorientiert denken." oder „Mit Technikerinnen und Technikern zusammenzuarbeiten ist auf sozial-kommunikativer Ebene eine Herausforderung."

Da derartige Stereotypisierungen oft „self-thinking-prophecies" verursachen, welche Arbeitsbeziehungen nachhaltig beeinträchtigen können, soll diesbezüglich Klarheit geschaffen werden (vgl. ebd. S. 29f). Im gleichen Kontext nur auf personenbezogener Forschungsebene würde sich künftig außerdem eine Adressierung an ein bei der Zukunft AG bereits laufendes Programm „50plus" anbieten. Dabei könnten z.B. gezielt vor allem ältere Arbeitnehmerinnen und Arbeitnehmer bspw. in den Dimensionen „physische und mentale Fähigkeiten" angesprochen werden und das Unternehmen sowie die zu erforschende Zielgruppe davon profitieren. Durch Fragen: "Welche Kompetenzen diese Akteure in ihre Tätigkeiten einbringen, was sie motiviert „zu bleiben" und welche Anreize sie dazu veranlassen, ihre Kompetenzen weiterhin auszubauen würden zum einen womöglich Marktpotentiale herausgefiltert und Stereotypisierungen, wie: „zu alt" „zu unmotiviert" „zu wenig flexibel" entschärft, sowie andererseits das Know-how des Unternehmen gesichert.

© Doreen Anette Ullrich

Der methodenorientierte Forschungszugang könnte im Gesamtkonzept einer DiM-Strategieentwicklung darauf abzielen, die generell vorhandene Diversität in der Zukunft AG zu untersuchen und in weiteren Schritten klären, mit welchen Instrumenten und Verfahren das erwünschte Maß an Heterogenität weiterhin analysiert werden soll, also wie die benötigten Daten im Sinne einer dynamischen Anpassung an die zu entwickelnde DiM-Strategie erhoben und ausgewertet werden können. Diese Vorgehensweise würde alle Planungs-, Steuerungs-, und Evaluationskomponenten für das DiM-Konzept mit einbeziehen, ebenso Instrumente der Erforschung der Informations- und Kommunikationskanäle, Konfliktlösungswege sowie das Erfassen des Kreativitäts- bzw. vorhandenen Innovationspotentials.

Im Zusammenhang mit Innovationspotentialen stellten Voigt und Wagner (2000) fest, dass Individuen, die Träger seltener Merkmale sind durch eine höhere Innovationsneigung und Flexibilität zum Aufbau von Wettbewerbsvorteilen beitragen können und daher bei der Erfassung von Diversität stärker gewichtet werden sollten (vgl. Voigt und Wagner, 2000, in: Becker, 2006, S. 31f.).

Auf Ebene der Gesamtorganisation besteht womöglich tiefergehender Forschungs- und Entwicklungsbedarf in Bezug auf die Interaktion der Organisationsmitglieder. Bestehende Instrumente wie „job-rotation", optimale Steuerung von Karrierelaufbahnen der Führungskräfte oder „cross-pollination[4] sind vermutlich zur gezielten Schaffung von Diversität u.a. innerhalb der „Leadership-Ausbildungsprogramme" effektiver zu nutzen, um funktions- und geschäftsübergreifend Diversität in den Kooperationsbeziehungen aufbauen zu können.

Auf individueller Ebene wurden in der Vergangenheit bereits gezielte Maßnahmen[5] zur Verbesserung der Beschäftigungsfähigkeit (Employability) vor allem älterer Arbeitnehmerinnen und Arbeitnehmer angestrebt, sowie im Kontext externer Faktoren: wobei u.a. im Zuge der demografischen Entwicklung[6] der Stellenwert von Diversity-Management bewusster hervorgehoben und erneut nachhaltiger aufgegriffen werden könnte, um einerseits der Glaubwürdigkeit und andererseits der Wettbewerbsfähigkeit des Unternehmens zu dienen (vgl. ebd. S. 14-16).

---

[4]„Fremdbestäubung" bzw. der Wechsel zwischen unterschiedlichen, Funktionen, Divisionen und Aufgabenbereichen, wodurch eine Heterogenisierung des Informationsstands und des Erfahrungshintergrunds erzielt werden soll. (Becker, 2006, S. 18)

[6] Hiermit ist eine nachhaltige Veränderung der Altersstruktur gemeint. Künftig wird vor allem in den DACH-Ländern (D=Deutschland, A=Österreich, CH=Schweiz), ein steigender Anteil älterer Menschen, einen sinkenden Anteil jüngerer Menschen gegenüberstehen.

© Doreen Anette Ullrich

Kontextbezogen könnte künftig näher untersucht werden, welches die internen und externen Treiber der Entwicklung zum Diversity-Management sind. Hierbei bestimmen zumeist externe Faktoren, z.b. rechtliche Rahmenbedingungen wesentlich mit, aber auch interne Leistungsbeziehungen, z.b. inwiefern das Ausmaß der zu akzeptierenden und zu gestaltenden Heterogenität zu entwickeln bzw. zu neuauszurichten ist.

Das generelle Bewusstsein über die mögliche Spannkraft[7] in Bezug auf die Kosten und Verluste bei Verzicht systematischen Diversity-Management ist im untersuchten Unternehmen vorhanden und zeichnet sich u.a. mitverantwortlich für den eingeleiteten Veränderungs- bzw. Anpassungsprozess (vgl. ebd. S. 18ff).

6. Diversity Management und Organisationsentwicklung

„Strategische Personalentwicklungsmaßnahmen [im Sinne der „Leadership-Ausbildungsprogramme" der Zukunft AG] dienen dem „zukunftssichernden Erhalt" und Ausbau der Kompetenzen und dem Erhalt aller Beschäftigten zur Sicherung qualitativ hochwertiger Produkte sowie interner und externer Dienstleistungen" (Frevel, 2000, S. 38). „Organisationales Lernen basiert auf der Vision der Lernenden Organisation" (Senge (1996) in: Erpenbeck, 2006, S. 174). Wenn eine Organisation überleben will, muss sie langfristig in der Lage sein mindestens so schnell zu lernen wie ihr Umfeld sich verändert, sowie aktiv an der Gestaltung der Zukunft mitwirken (vgl. ebd., S. 174).

Nach Gesprächen mit dem Prozessverantwortlichen sowie aus Sicht der Autorin liegt der Organisationsentwicklungsansatz darin, die Betroffenen inhaltlich mitgestaltend, eigenverantwortlich sowie die Ergebnisse mitentscheidend in diesen Prozess einzubeziehen. Zudem ist sich die Organisation darüber im Klaren, wenn die in diesem Sinne aktiv und bewusst lernt, dass sie entsprechende Voraussetzungen erfüllen muss. Gemeint ist hier vor allem eine gemeinsame Vision, die unter Einbezug aller Mitarbeiter und Mitarbeiterinnen entwickelt wird und, die im Zuge eines kontinuierlichen Lernprozesses ins Unternehmen implementiert wird (vgl. ebd., S. 175). Darüber hinaus existiert bereits eine klare Vorgabe, die Personalkapazitäten der jeweiligen Abteilungen in Bezug sowohl auf Diversity Management als auch auf Managing Diversity[8] detaillierter zu untersuchen. In den bisherigen

---

[7] 1998 lagen der EEOC (Equal Employment Opportunity Commission) z.B. 52.000 Fälle vor, in denen Mitarbeiter ihre Arbeitsgeber z.B. wegen Rassen- oder Geschlechts-Diskriminierung verklagten.

[8] Im wissenschaftlichen Diskurs zum Gegenstandsbereich Diversity hat sich mit Managing Diversity einerseits und Diversity Management andererseits eine doppelte Begrifflichkeit gebildet, wobei beide Begriffe zum Teil synonym verwendet werden. Rechtfertigen lässt sich die Verdoppelung jedoch nur, wenn es sich hierbei um mehr als eine intellektuelle Übung handelt, d.h. wenn sie mit einem Zugewinn an Inhaltlichkeit verbunden ist. [...] Managing Diversity nimmt die vorhandene Diversität zum Ausgangspunkt der organisationalen Gestaltung. Es soll bei aller Unterschiedlichkeit größtmögliche Einheit des organisationalen Handelns erzielt, d.h. Individualität auf das unverzichtbare Maß reduziert werden mit dem Ergebnis eines „common acting" und „common thinking" der Organisationsmitglieder. Durch Diversity Management wird dagegen eine

© Doreen Anette Ullrich

Erhebungen hat sich hier die unausgesprochene Annahme bewahrheitet, dass im Unternehmen Zukunft AG durchaus große Kapazitäten in Bezug auf ungenutzte Diversity Kompetenzen vorhanden sind. Insofern gestaltet sich der laufende Prozess zunehmend als Mischung aus Forschungsarbeit - entsprechend einer Revisionseinschau - und Organisationsentwicklung.

Der systematische Lernprozess einer Organisation wird nach Erpenbeck (2006) in drei Stufen umgesetzt:

Abb.: Kreislauf des organisationalen Lernens (eigene Darstellung in Anlehnung an Erpenbeck, 2006, S. 175)

Entlernen: ist notwendig wenn, tradierte Strukturen, überlieferte Erfahrungswerte und „scheinbar altgediente Gewohnheiten" sich nicht an den laufend verändernden Rahmenbedingungen anpassen und dazu tendieren die Organisation in eine Trägheit zu befördern. Damit werden oft sichtbare Möglichkeiten zur Veränderung verhindert. Derart eingefahrene Routinen blockieren zudem neues Lernen und müssen daher abgebaut werden. Aus diesem Grund sollten die bestehenden Handlungsmuster in Bezug auf Diversity auch laufend auf die aktuelle Zielrelevanz überprüft und bei Bedarf verändert werden. Grundlage hierfür ist insbesondere regelmäßiges Feedback durch alle Beteiligten.

Umlernen im Sinne einer optimalen Zielerreichung innerhalb der Unternehmensstrategie ist kontinuierlich erforderlich, da die individuellen Lernprozesse aller Mitarbeiterinnen und Mitarbeiter darauf hinauslaufen. Dies ist die Voraussetzung dafür, dass die Mitarbeiterinnen und Mitarbeiter in der Lage sind, neu auftretende Problemstellungen auch künftig selbstorganisiert zu lösen.

---

marktbezogene Differenzierung mit dem Ziel der Alleinstellung gegenüber den Wettbewerbern angestrebt. [...] Beide Sichtweisen zusammen repräsentieren eine Quadratur des Kreises: eine Gleichzeitigkeit von Gleichheit und Ungleichheit. (vgl. Becker et al, S. 11)

© Doreen Anette Ullrich

Neu Lernen: In dieser Lernphase werden Problemstellungen gemeinsam erarbeitet und zusammen (neue) Lösungen entwickelt. Durch die Vernetzung all dieser Lernphasen entsteht organisationales Lernen, welches neues Wissen hervorbringt.

Da die Zukunft AG den Nutzen eines Diversity-Management-Konzepts in seiner Tiefe betrachtet erkennt, ist ihr Bewusst, dass sich vor allem strategische und kulturbezogene „Stolpersteine" als Hindernisse auf dem Weg hin zu einer „Lernenden Organisation" entpuppen können. Und, um nicht „alten Wein in neuen Schläuchen" herzustellen wird mit Hilfe der Prozessbegleitung einer kontinuierlichen Umsetzung des DiM grundsätzlich positiv entgegengesehen (vgl. ebd., 2006, S. 176).

6.1. Diversity Management als strategisches Werkzeug zur Steigerung „Business Potentials"

Veränderungsmanagement ist Führungsaufgabe, und die interkulturelle Orientierung und damit Öffnung von Organisationen kann eine tief greifende Veränderungsstrategie nach sich ziehen, die Top-Down eingeleitet werden muss. Es ist deshalb für den Erfolg von DiM auch in der Zukunft AG unabdingbar, dass die Führung des Konzerns, und im allgemeinen welcher Größenordnung auch immer, einen solchen Prozess begrüßt, ihn initiiert und dauerhaft unterstützt. Eine einmalige Willensbekundung würde nicht genügen, um dann den Prozess sich selbst oder nachgeordneten Verantwortlichen zu überlassen. Mit diesem Bewusstsein wurde zu Beginn dieses Veränderungsprozesses die Führungsebene durch eine fachliche Einführung in Form eines „Diversity-Kick-off-Workshops[9]" informiert, um zunächst alle Entscheidungsträger dafür zu begeistern sowie künftig in regelmäßigen Abständen auf allen jeweils betroffenen Mitarbeiterebenen solche Veranstaltungen zu wiederholen.

Die sich verändernde und öffnende Organisation Zukunft AG verankert bereits interkulturelle Orientierung in ihrer Vision als Haltung der Wertschätzung und Anerkennung, der Anerkennung von Gleichheit und Verschiedenheit, als ihr Bild von Zukunft an deren Gestaltung sie mitwirken will. Dies geschieht knapp, prägnant und zugespitzt mit ihrem Mission Statement: „Internationalisierung – Innovation – Flexibilität" und macht Diversity-Management nach innen und außen deutlich. In den Prozess der angepassten Leitbildentwicklung sind nun auch die Mitarbeiterinnen und Mitarbeiter einbezogen, um Anregungen und persönliche Visionen Bottom-Up aufzugreifen (vgl. Schröer, 2006, S.52).

---

[9] Siehe Anhang C (Vorschlag über die Vorbereitung eines DiM- Kick-off-Workshops)

© Doreen Anette Ullrich

6.2. Chancen-Grenzen-Stolpersteine

Durch die vollständige Nutzung aller vorhandenen und erschließbaren Potentiale können in Unternehmen in verschiedenen Bereichen Vorteile und Verbesserungen entstehen, weshalb es neben ethischen und moralischen Überlegungen zudem ökonomische Aspekte sind, die eine Veranlassung für das Implementieren einer DiM-Strategie darstellen. Mit der bewussten Wertschätzung von Vielfalt lassen sich Leistungssteigerungen und Wettbewerbsvorteile für ein Unternehmen generieren. Aus Sicht der DiM-Forschung (u.a. Cox 1994) ist die Entwicklung hin zu einer multikulturellen Organisation ein wesentlicher Beitrag zum ökonomischen Erfolg eines Unternehmens (Cox, 2001, S.47). Auch Becker (2006) sagt: „Kosten und Nutzen der Diversität erweisen sich erst in der Fähigkeit, Vielfalt produktiv zu nutzen" (Becker, 2006, S. 30). Es sei hier angemerkt, dass es nach wie vor schwer messbar ist, den Zusammenhang zwischen einem Managementkonzept und dem Unternehmenserfolg herzustellen, da Veränderungen in komplexen Systemen synchron verlaufen und es schwer fällt die einzelnen Komponenten zuzuordnen. Die Auswirkungen des DiM sind zudem oft langfristig ausgelegt und somit gestalten sich rasche Erfolgsmessungen als schwierig (vgl. Ditzel, 2009, S. 12).

Laut Stuber (2012) sind es im Wesentlichen drei Begründungsstränge, die als Berechtigung für das DiM angeführt werden können: „erstens Ethik, Fairness, Recht und Legitimität im Sinne einer Coporate Social Responsibility; zweitens Veränderungen auf den relevanten Produkt- und Arbeitsmärkten und drittens die Wettbewerbs- und Strategieoptimierung. Allerdings wird DiM vielfach noch nicht hinreichend als Erfolgsfaktor im Innovations- und Marketingprozess erkannt, dies gilt z.B. auch für die Akquisition von Diversity Zielgruppen. Ein Zusammenhang mit der Unternehmensführung ist offensichtlich. Es besteht ein enger Zusammenhang zwischen Wertschätzung und Wertschöpfung" (Stuber, 2012, S. 30).

Folgende Argumente hinsichtlich des Nutzens einer DiM Strategie speziell für unser Fallbeispiel werden demnach aufgeführt:

Das Personalmarketing Argument: Positiver Personalimageeffekt, durch die Wertschätzung der Vielfalt zugunsten des Personalmanagements der Zukunft AG, welches zu Wettbewerbsvorteilen durch schnellere, zielorientierte Personalbeschaffung[10] führen kann.

Das Marketing Argument; Produktpolitik: Die vielfältig zusammengestellte Belegschaft in der Zukunft AG ist vermutlich eher in der Lage die immer vielfaltig werdenden Kunden und Kundenwünsche zu erkennen und damit zu erfüllen. Hierbei könnten zudem neue

---

[10] An einem gerade angelaufenen Projekt in der Zukunft AG, im arabischen Kulturraum, werden z.B. nur männliche Mitarbeiter mit muslimischem Glaubensbekenntnis mitwirken (können), wobei bei neuen Projekten mithin weitere MA benötigt werden.

© Doreen Anette Ullrich

Kundengruppen[11] erschlossen werden, die sich durch eine größere Zufriedenheit[12] und erhöhtes Kundenbindungsverhalten[13] auszeichnen. Im Weiteren belegt laut (Faix et. al., 2011) eine Meta-Analyse von 90 empirischen Studien verschiedene wirtschaftliche Vorteile aufgrund von Diversity Management. DiM wird hier als die „Handhabung von Vielfalt" im Unternehmen beschrieben. Ein Auszug aus den Forschungsergebnissen dieser Meta-Analyse zeigt unter anderem, dass z.b. die Eigenkapitalrendite von Unternehmen mit heterogener Vorstandsstruktur im Schnitt 25% beträgt, im Vergleich zu einer homogenen Vorstandsstruktur mit nur 9% Eigenkapitalrendite (Vgl. Faix et. al. 2011, S. 289).

Customer Relations: Amerikanische Studien belegen, dass eine vielfältige Belegschaft wie sie in der Zukunft AG vorhanden ist, einen positiven Einfluss auf die Kundenbeziehungen haben kann, da z.B. Angehörige von Minderheiten es vorziehen mit ihresgleichen[14] Geschäfte abzuschließen. Voraussetzung für eine qualitativ und quantitativ bessere Marktbearbeitung ist dennoch, dass eben gerade eine vielfältig zusammengesetzte Belegschaft entsprechend genutzt, geführt und gelenkt wird.

Das Flexibilitätsargument: Bewusst Diversity gemanagte Unternehmen sind flexibler und schneller bei der Anpassung an sich verändernde Umweltbedingungen, da sich nach Vedder (2005), aufgrund des vorherrschenden Konformitätsdrucks in monokulturellen Organisationen Anzeichen einer Fixierung auf eigene Verständniswirklichkeit sowie einer Universalisierung der betrieblichen Sichtweise zeigen. Somit fördert DiM die kognitive Flexibilität und die Offenheit der Organisation gegenüber neuen und abweichenden Ansichten sowie die Toleranz gegenüber Ambiguitäten. Wettbewerbsvorteile entstehen hierbei z.B. durch die schnellere Anpassung an sich verändernde Marktsituationen und durch schnellere Entscheidungsfindungen. (vgl. Vedder, 2005, S.22)

Das Kreativitätsargument: Durch die Perspektivenvielfalt heterogener Gruppen kommen, wenn sie richtig gemanagt und genutzt werden, kreativere und innovativere Ergebnisse zustande. Wettbewerbsvorteile entstehen hier zum einen durch zahlreichere und anderseits durch „andere Lösungen."

Das Problemlöseargument: Aufgrund der breiten Wissensbasis die Diversität ermöglicht, liegt in gemischt zusammengesetzten Teams ein größeres Potential zu kreativen und tragfähigeren Problemlösungen, wobei die Problemlösungsansätze qualitativ besser und nachhaltiger zu sein scheinen. (vgl. Ditzel, 2009, S. 13ff)

---

[11] Siehe Fußnote 14
[12] Siehe Fußnote 14
[13] Siehe Fußnote 14
[14] Siehe Fußnote 14

© Doreen Anette Ullrich

Das Internationalisierungsargument: Hierzu sagt Wissenschaftlerin Gertrude Krell: „Wenn schon im Inneren der Organisation Multikulturalität gelebt wird, d.h. wenn die Beschäftigten lernen, kulturelle Vielfalt positiv zu würdigen und auch mit Menschen, die anders sind als sie selbst, vorurteils-, und konfliktfrei zusammenzuarbeiten, dann erleichtert es auch das Agieren in anderen Ländern" (Krell, 2007, S.47).

Festzustellen bleibt, dass die Trends zur Internationalisierung der Geschäftstätigkeit und zum demografischen Wandel Organisationen in der Zukunft generell stärker beschäftigen werden. Insofern wird die Anwerbung, Wertschätzung und gezielte Einbindung vielfältiger Beschäftigter zu den Kernaufgaben der zukünftigen Personalpolitik auch in der Zukunft AG gehören. Fairness, Toleranz und Chancengleichheit sind für viele Arbeitskräfte von zentraler Bedeutung – diesen Werten wird vermutlich aus moralischen, gesetzlichen und ökonomischen Gründen noch stärker Rechnung getragen werden (vgl. Vedder, 2005, S.26).

Als relevantes Risiko sei genannt:

Der Kostenfaktor: Der Einsatz von Fachkräften (z.B. unternehmenseigene Diversity Manager) oder Fort- und Weiterbildungsmaßnahmen im Sinne von DiM-Trainings, Mentoring, Coaching, Programmimplementierungen, etc. Ebenso seien die Opportunitätskosten erwähnt, in Form von Zeit oder in Bezug auf die Widerspiegelung des Unternehmens in der Außenwelt, wenn die gewünschte Strategie nicht von Beginn an so läuft wie geplant. Dennoch lässt sich aus Marketing, Personalmarketing und internationalisierungsargumentativer Sicht feststellen, dass diese „Kosten" als relativ gering beziffert werden können im Vergleich zu den Vorteilen eines bewussten Diversity Management. (vgl. Stuber, 2012, S. 223)

Ernsthaft in Frage stellen kann man allerdings an der Stelle das Selbstverständnis „klassischer" interkultureller Personal- und Organisationsentwickler und -entwicklerinnen vermutlich durch die gegenwärtig allseits aufkommenden Diskussionen über die Kulturspezifik interkultureller Methoden, nämlich dass es sich bei Maßnahmen zur interkulturellen Kompetenzentwicklung primär um „euro-amerikanische Exportartikel" handelt, die in der Regel ihre eigene Kulturgebundenheit nicht reflektieren und dementsprechend auch ihrem eigenen Interkulturalitätsanspruch zumindest aus methodologischer Perspektive in der Regel nicht gerecht zu werden vermögen. Dieser Ethnozentrismus hat vor allem im asiatischen Raum, wo auch die Zukunft AG Standorte verwaltet, im Rahmen der interkulturellen Kommunikations- und Handlungsforschung, zu der berechtigten Kritik geführt, inwiefern interkulturelle Lehr- und Lernkonzeptionen, die überwiegend „west" kulturellen Denkmustern folgen, überhaupt als interkulturell bezeichnet werden können. Es geht somit womöglich auch darum, Selbsterklärungsprozesse in Bezug

© Doreen Anette Ullrich

auf diese methodologischen „Baustellen", wie die Individualität des jeweiligen Unternehmens und seiner Belegschaft, wahrzunehmen sowie um eine angemessene unternehmensbezogene Positionierung im weiten Feld des Diversity Spektrums herauszustellen. Für die Zukunft AG könnte dies aus Sicht der Autorin künftig bedeuten, explizit den Schritt vom „nice to have" interkultureller Kompetenzen zum „must have" oder besser zum „we are culture" zu transformieren. Funktionieren wird dies offensichtlich nur unter der Prämisse, eine starke organisationale Verankerung mit dem Prinzip bzw. des Konzepts des DiM zu schaffen, sowie die Lernprozesse in Bezug auf Diversity Kompetenzen nicht nur als Personal- sondern als Organisationsentwicklung wahrzunehmen oder wie es die in London lebende Unternehmensberaterin Andrea Bugari formuliert hat:

„das Grundproblem [...] ist der weitverbreitete individualistische Ansatz in der Leadership-Entwicklung. Firmenchefs denken bei interkultureller Kompetenz oft nur daran, wie ihre Führungskräfte in konkreten Interaktionen wirkungsvoller werden. Wenn sie aber interkulturelles Leadership nachhaltig aufbauen wollen, dann muss Entwicklung auf der Teamebene [z.B. mit der nachhaltigen Beantwortung der Frage: „Wie helfen Führungskräfte ihren Teams, eine wirkungsvolle Teamkultur zu entwickeln?") und auf der organisatorischen Ebene (bspw. durch: „Wie schaffen unsere Führungskräfte eine Unternehmensstruktur und -kultur, in der positive Interkulturalität und Leadership überhaupt möglich sind?") erfolgen" (vgl. Barmeyer, 2010, S. 92).

Der vorhergehende Abschnitt hat versucht einen kurzen Überblick darüber zu geben, dass grundsätzlich ein Bedarf an der Entwicklung einer ganzheitlichen DiM-Strategie seitens des Unternehmens Zukunft AG vorhanden ist. Im Weiteren wurde versucht die unternehmens-relevanten Vorteile von Diversity Management für die Zukunft AG herauszustellen sowie auch die kritischen Herausforderungen aufzuzeigen. Im Folgenden wird nun überprüft ob dieser aktuelle Forschungsstand ausreicht, den tatsächlichen Bedarf an DiM als Strategie zu befriedigen. Das heißt, den Bedarf nach einem Konzept, welches die Vielfalt innerhalb und außerhalb des Unternehmens nutzt um daraus Wettbewerbsvorteile zu generieren. Aus den sich ergebenden Erkenntnissen wird sich zeigen, ob die Einführung des DiM sinnvoll und damit als ganzheitliche DiM-Strategie erforderlich ist.

7. Vorstellung eines Diversity-Management-Konzepts für die Zukunft AG

Wenn die Zukunft AG von der existierenden Vielfalt im Unternehmen profitieren will, bedarf es eines ganzheitlichen Ansatzes, der eine Integration aller Unternehmensbereiche sowie der Belegschaft zur Folge hat. Wie die Umsetzung eines DiM-Prozesses in der Praxis erfolgen kann, ist somit Gegenstand nachfolgender Betrachtungen.

© Doreen Anette Ullrich

Aufgrund der begrenzten Kapazität dieser Arbeit und der vorherrschenden Komplexität der Thematik kann hier nicht auf alle für die erfolgreiche Umsetzung wesentlichen Faktoren eingegangen werden. Jedoch wird die Darstellung einer möglichen DiM-Strategie etwas konkreter erläutert, da sie den Kernpunkt dieser Arbeit darstellt.

Welche Rolle DiM für organisatorische Entscheidungen spielt, wird maßgeblich von einer Reihe gesamtgesellschaftlicher Trends beeinflusst. Wichtiger Einflussfaktor ist die allgegenwärtige Globalisierung der Märkte, die zunehmend instabile bzw. dynamisierte Umwelten hervorbringt (vgl. Tuchtfeldt, 2009, S. 2). Um diesen Herausforderungen als Unternehmen bestehen zu können, ist also eine höhere Flexibilität organisationaler Strukturen und Prozesse erforderlich.

Die Implementierung eines DiM-Konzepts als Strategie erfordert einen Change Prozess der längerfristig ausgerichtet ist. Wie bereits in Punkt 6 festgestellt wurde, ist dies mit einem Wandel der Organisationskultur verbunden. Das Management dieses Wandels erfordert eine systematische Vorgehensweise.

Four Layers of Diversity nach Gradewartz / Rowe

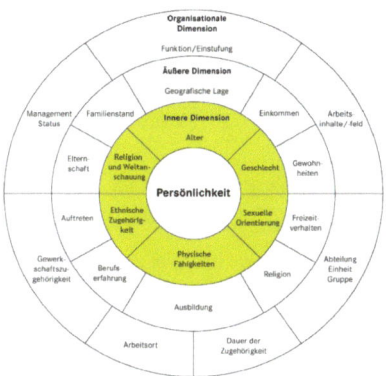

Einer der wichtigsten multidimensionalen Ansätze für die betriebliche Praxis stammt von Gardewartz/Rowe, der die Komplexität und Bedeutung von Diversity für Organisationen verdeutlicht. Das Diversity-Rad veranschaulicht die vielgestaltige Differenzierung nach persönlicher, innerer, äußerer und organisationaler Dimension. Welche Merkmale für die jeweilige Organisation relevant sind, sollte zunächst anhand einer systematischen Bedarfsanalyse ermittelt werden.

Abb.: 1: Four Layers of Diversity (nach Gardewartz/Rowe

7.1. Methoden zur erzielbaren Implementierung eines DiM-Konzepts

Taylor Cox (2001) hat für die Implementierung eines DiM-Konzepts ein Regelkreis-Modell (Abb.: 2) entwickelt welches den Transformationsprozess hin zu einer multikulturellen Organisation darstellt. (vgl. Cox, 2001, S. 17)

Cox (2001) vertritt eine dezidiert präskriptive Orientierung mit dem Ziel der Maßnahmen-generierung in Übereinstimmung mit den strategischen Zielen zur Verwirklichung einer multikulturellen Organisation (vgl. Sackmann et al. In: Becker, 2006, S. 20). Cox (2001) geht

© Doreen Anette Ullrich

über die Nennung idealtypischer Entwicklungsphasen des DiM hinaus und strebt eine
Integration in die strategische Unternehmensführung an (vgl. ebd., S. 20). Nach Cox (2001)
sollte ein erfolgreicher organisationaler Change-Prozess alle Elemente dieses Regelkreises
enthalten (Cox, 2001, S. 18). Dieser setzt sich zusammen aus: Führung („Leadership"),
Messung der Diversity-Kompetenz in der Organisation („Research and Measurement"),
Anstoß eines internen Lernprozesses („Education"), Anpassung von Rekrutierung,
Vergütung, Personalentwicklung und Arbeitsgestaltung auf Anforderungen des Diversity
Management („Alignment of Management Systems") und Erfolgskontrolle („Follow-up") (vgl.
Cox, 2001, In: Becker, 2006, S. 20).

Change Model for Work on Diversity

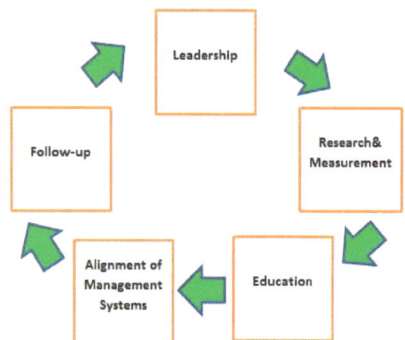

Abb.: 2: Eigene Darstellung in Anlehnung an
Cox, 2001, Change Model for Work on Diversity
(Cox, 2001, S.19)

Der Einführungsprozess beginnt in diesem Modell an der Spitze, also in der
Unternehmensleitung („Leadership"). Nach Cox (2001) „ist die Führungsspitze und ihr
Verhalten das wichtigste Element des Veränderungsprozesses, denn hier werden Ziel und
Richtung des Wandels festgelegt, sowie die Wichtigkeit und Dinglichkeit bestimmt" (Cox,
2001, In: Tuchtfeldt, 2009, S. 19). Hier wird klar, dass DiM in Leitbild und Strategie der
Organisation verankert und ebenfalls umfassend kommuniziert werden sollte. Die
Überzeugung von der Sinnhaftigkeit und Notwendigkeit eines DiM seitens der
Führungsebene ist somit eine wesentliche Voraussetzung für die erfolgreiche Umsetzung
des DiM-Konzepts.

„Research und Measurement" bezieht sich auf die Gewinnung relevanter Daten im
Veränderungsprozess. Messgrößen sind z.B. demografische Belegschaften, Personalimage
oder Mitarbeiter und Mitarbeiterinnen sowie Kundenzufriedenheit. Einerseits bilden diese
Daten wichtige Entscheidungsgrundlagen für die Unternehmensführung und andererseits
helfen sie bei den Beschäftigten ein gewisses Verständnis und Engagement für diese
Thematik zu erlangen. „Education" dient dazu bei der gesamten Belegschaft des

Unternehmens und über alle Bereiche und Hierarchieebenen, Überzeugungs- und Aufklärungsarbeit zu leisten. Um dies zu erreichen werden vor allem Instrumente wie DiM-Trainings, Mentoring oder Coaching eingesetzt auf die in diesem Abschnitt noch eingegangen wird.

„Alignment of Management Systems" verwendet Cox (2001) für alle organisationalen Politiken, Regeln, Praktiken oder Prozeduren, die alle Personalmanagementmaßnahmen, wie Personalbeschaffung und -entwicklung, oder Personalmarketing und -entwicklung abdecken (vgl. Cox, 2001, S.21).

Das letzte Element einer erfolgreichen Einführung des DiM ist das „Follow-up". Laut Cox (2001) überlappt es mit allen anderen Elementen, doch vor allem mit „Research and Measurement", da langfristig erfolgreiche Strategien das Bewusstsein einer ständig notwenigen Verbesserung und Anpassung an neue Marktsituationen erfordern (vgl. ebd. 2001, S. 22).

Der Weg zu einer erfolgreichen multikulturellen Organisation mit diesem Modell erfordert Aktivitäten in allen fünf Bereichen. Cox (2001) gilt als einer der Pioniere der DiM- Forschung, was somit nach Meinung der Verfasserin das Heranziehen des Models als Verständnisgrundlage und Darstellung einer Implementierung des DiM in Unternehmen rechtfertigt. Dennoch sei betont, dass sein Modell eines von mehreren Ansätzen ist. Eine weitere mögliche Vorgehensweise wäre, sich an die Empfehlungen von Michael Stuber (2012) anzulehnen, einem der Führenden Diversity Experten in Deutschland.

Nach Meinung Stubers (2012) sind, wenn DiM als neue strategische Grundhaltung angesehen wird, zwei parallele Implementierungsansätze anzuraten:

Zum einen die bewusste „Einführung" des Diversity und zum anderen das „Diversity Mainstreaming" bei dem das DiM in bestehende Strukturen, Prozesse und Inhalte der Organisation integriert wird, welches aus Sicht der Autorin den grundlegenden Gedanken des Cox-Modells (2001) entspricht (vgl. Stuber, 2012, S. 30).

7.2. Gestaltung einer „DiM- Initiative" innerhalb der „Leadership und Business Excellence Programme"

Um das Verständnis für Diversity in Unternehmen zu wecken und in den Unternehmensalltag zu integrieren sind, wie bereits erwähnt, DiM-Trainings eine häufig verwendete Methode. Aber auch Mentoring, Coaching oder Programme wie z.B. Work-Life-Balance und Initiativen (z.B. unser eigenes Fallbeispiel) sind Möglichkeiten, da sie Maßnahmen darstellen, die sich an alle Beschäftigten richten, einschließlich des Managements. Krell et al. (2007). unterscheidet im Wesentlichen zwei idealtypische Trainingsformen, die in unterschiedlichem

© Doreen Anette Ullrich

Maße auf Bewusstseinsentwicklung und Verhaltensänderungen abzielen: „Awareness-Trainings" und „Skill-Building-Trainings" (Krell et al., 2007, S. 338f). Idealtypisch deshalb, weil die in der Praxis angewendeten Diskussionen, Vorträge oder interaktiven Übungen häufig „Awareness- und Skill-Building" Elemente miteinander vermischen, um das jeweilige Training lebendiger zu gestalten und die Synergien aus dem wechselseitigen Zusammenwirken von Bewusstseinserweiterung und Fähigkeitsentwicklung, Selbsterfahrung und Wissenserwerb zu nutzen. Diese Erkenntnis in Verbindung mit eigener umfassender Trainingserfahrung setzt die Autorin dieser Arbeit derzeit in der Zukunft AG um. In Vorbereitung auf die angedachte Implementierung eines ganzheitlichen DiM-Konzepts in die gesamte Organisation, wird derzeit im Rahmen der „Leadership und Business Excellence-Ausbildungsprogramme" der Zukunft AG eine Art Pilot als DiM-Initiative inszeniert, wobei „Awareness- sowie Skill-Building-Trainings" mit derzeit 20 Führungskräften im Unternehmen durchgeführt werden. Streng genommen sind diese „Diversity-Trainings" auch keine einheitlichen, für sich stehenden Instrumente. Vielmehr bezeichnen sie eine vielgestaltige Gruppe von Maßnahmen, in denen die Organisationsmitglieder durch Wissensinputs, Diskussionen, Erfahrungs- und Verhaltensübungen, sowie angeleitete Selbstreflexion in die Lage versetzt werden, Vielfalt wahrzunehmen, wertzuschätzen und in einem bewussten, verbesserten Umgang die Vorteile einer diversen Organisationsstruktur als Ressource zu verstehen und zu nutzen.

„Awareness" als bewusstseinsbildendes Instrument beabsichtigt in unserem Fallbeispiel in erster Linie die Sensibilisierung der Teilnehmer und Teilnehmerinnen für die Existenz von Vielfalt, die bewusste Wahrnehmung von Benachteiligungen und ihrer Wirkung sowie der eigenen Werte und deren Einfluss auf das eigene Verhalten. Im Übrigen sollen die Teilnehmer die Bedeutung von DiM für den Erfolg der eigenen Organisation erkennen und ein Bewusstsein ausbilden für die Notwendigkeit dieses tiefgreifenden Transformationsprozesses. Dies beinhaltet u.a. auch Information in Bezug auf die derzeitigen und künftigen Beschäftigungsstrukturen. In „Skill-Building-Trainings" geht es „um den Erwerb konkreter Fähigkeiten, die für die Zusammenarbeit und Führung einer vielfältigen Belegschaft oder im Kontakt mit anderen (Landes-)Kultur erforderlich sind" (vgl. Krell et al., 2007, S. 338ff).

Die mit der Verfasserin dieser Arbeit im Unternehmen Zukunft AG durchgeführten Diversity-Trainings zielen inhaltlich konkret auf die Verbesserung der Kommunikationsstrukturen, den faktischen Umgang mit Konflikten, den Ausbau der Ambiguitäts- und Frustrationstoleranz und die Entwicklung der Fähigkeit ab, in vielfältigen Situationen flexibel reagieren zu können. Die Trainings beinhalten aber auch die Entwicklung des Bewusstseins für- und den Abbau von, vor allem „negativen" Stereotypen[15], die zum einen sehr viel über das gedankliche

© Doreen Anette Ullrich

Spektrum bzw. den Wissensvorrat derer aussagen, die diese Stereotypen und Vorurteile verwenden und andererseits jedem Individuum überhaupt Orientierungen in Bezug auf Fremdes geben können. Gleichzeitig bilden sie oft nur ein Skelett, das angereichert werden will mit einer Fülle differenzierender[16] Erfahrungen. Und wenn man sich bewusst ist, das Stereotype nur einen vorläufigen, zur Orientierung dienenden Behelf darstellen, sind sie auch nicht negativ, sondern ein erster Schritt zum positiven Bewerten. (vgl. Bolten, 2007, S. 126f)

7.3. Diversity Kompetenzen erheben und nutzen / Ist-Soll-Analyse und Abgleich mit den strategischen Zielen des Unternehmens

Um Veränderungen in einem System zu managen, muss, wie unter Punkt 6.1. festgestellt, ein Bewusstsein für Unterschiede und eine Akzeptanz des anderen – oft Fremden – vorhanden sein. Dies erfordert/e bei allen Beteiligten zunächst einmal die Bereitschaft zur Auseinandersetzung mit der eigenen sowie der anderen Identität. Gleichzeitig ist damit eine Konfrontation mit der eigenen kulturellen Prägung verbunden. Diversity Kompetenz kann also nur entwickelt werden, wenn alle Betroffenen bereit sind, neue Seiten an sich selbst zu entdecken, die einem vielleicht sogar zunächst fremd erscheinen (vgl. Lüthi et al, 2013, S.52). Die Voraussetzung für den Start des Prozesses war somit, dass die betroffen Führungskräfte selbst eine Diversity Haltung einnehmen und bereit sind, gemeinsam eine individuelle, unternehmensbezogene „Diversity Kultur" zu entwickeln, also das Unternehmen verstärkt auf Diversity auszurichten bzw. es anzupassen, indem gerade die Vielfalt der Mitwirkenden selbst zur Bildungsressource wird. Um die bestehenden Diversity Kompetenzen der betroffenen Führungskräfte in der Zukunft AG zu ermitteln wurden von der Autorin Fragebögen[17] zu diversen Themenkomplexen erstellt und erhoben.

Wie bereits im ersten Abschnitt dieser Arbeit festgehalten, macht das erfolgreiche Durchlaufen dieses Prozesses es nunmehr erforderlich, dass die Organisation bzw. die Führung der Zukunft AG und alle Beteiligten bereit sind, nachhaltiges Interesse und Zeit zu investieren um an ihrer Haltung und den womöglich entstehenden Korrelationen, vor allem im Zuge der bereits stattfindenden DiM-Trainings, mitzuarbeiten. Darüber hinaus muss ein Bewusstsein dafür vorhanden sein, dass sich diese sich im Change Prozess befindliche Einstellung und Haltung im Kontext des Managing Diversity mittel- und langfristig auf die

---

[15] Stereotype und Vorurteile stellen eine Reduktion von Wahrnehmungen auf sehr häufig und in immer gleicher Weise aktivierte Schemata dar (griech. „stereos" (ver-)fest/igt). Erfahrungen in Bezug auf Fremdes werden, dem Drang nach Integration folgend, in dasjenige Schema eingeordnet, von dem man glaubt, dass es am besten passt, bzw. man erklärt das Fremde immer aus der Perspektive des Eigenen. (vgl. Bolten, 2007, S. 123ff)
[16] Im Sinne von: andersartiger Erfahrungen (Anm. d. Verf.)
[17] Siehe Anhang B

© Doreen Anette Ullrich

Unternehmenskultur auswirken wird – insbesondere, wenn viele Manager, Managerinnen und Führungskräfte die auf Diversity ausgerichteten Ausbildungsprogramme im Zuge dieses Prozesses absolvieren. Die Herausforderungen an die Organisation sind somit zum einen, dass sämtliche Ausbildungsleiter und -leiterinnen, Führungskräfte, Manager und Managerinnen selbst in hohem Maße über Diversity Kompetenzen verfügen sollten und in der Lage sind, ihre eigene Haltung immer wieder zu hinterfragen, sowie zum anderen, ein tief verwurzeltes Verständnis dafür zu entwickeln, wenn nicht zu besitzen, dass Wahrnehmungen[18] unterschiedlich sind und dieses ihren Projektteams immer wieder klar deutlich machen können. Außerdem sollten alle Beteiligten dieses Prozesses eigene Bewertungen in der Schwebe halten können sowie Bewertungen im Team frühzeitig erkennen und begrenzen können (vgl. ebd., S.50ff).

Laut Becker (2006) zeigen die Praxiserfahrungen im Diversity-Management, dass sich Unternehmen gerade bei der Konzeptionierung ihrer unternehmensindividuellen Diversity-Strategie schwer tun und sogar dazu neigen, bestimmte Praktiken, vor allem Programminhalte oder Strukturen, aus anderen Unternehmen zu kopieren, was zum Scheitern verurteilt ist. Um das zu vermeiden und um die Chancen einer optimalen Profilierung für die Zukunft AG besser abzuschätzen, erscheint es in weiterer Folge deshalb sinnvoll aus verschiedenen Frageperspektiven zunächst die Kontextbedingungen bzw. den Status Quo (IST-Zustand) näher zu beleuchten unter denen sich interkulturelle Kompetenzentwicklung im Sinne eines DiM gegenwärtig in der Organisation vollzieht bzw. wohin es sich im Zuge der Neuausrichtung (SOLL-Zustand) entwickeln soll (vgl. Becker, 2006, S. 355).

7.4. Realisierbare Prozessschritte eines erfolgreichen DiM Konzepts in der Zukunft AG

Nachfolgend werden nun die Schritte nach Ivanova/Hauke (vgl. Invanova/ Hauke In: ebd., S. 355ff) aufgeführt, welche die Autorin dem Unternehmen Zukunft AG zur erfolgreichen Gestaltung und Umsetzung eines nachhaltigen DiM-Konzeptes über die laufenden DiM-Trainingsmaßnahmen hinaus empfohlen hat und gemeinsam mit dem prozessverantwortlichen DiM-Team empirisch beantwortet wurden:

---

[18] [Verursacht durch unsere Erziehung und Sozialisation werden wir in Bezug auf unsere Wahrnehmung gewissermaßen konditioniert, speichern diese ab und greifen bei Bedarf darauf zurück.] [Dies bedeutet allenfalls], „dass die Selektion von Wahrnehmungen durch die Kontexte, in denen wir sozialisiert sind, gesteuert werden, [und könnte im weiteren darlegen, dass] unsere Wahrnehmungen und unser Wissen kulturspezifisch zu sein scheinen, weil sie sich auf diejenigen Erfahrungen beziehen, die für eine bestimmte Lebenswelt von primärer Bedeutung sind" (Ullrich, 2013, S.4).

© Doreen Anette Ullrich

IST-Analyse

a. Ist-Analyse der bisher umgesetzten personalpolitischen Instrumente und Praktiken sowie Überprüfung auf bestehende und potentielle Diskriminierungen

b. Ist-Analyse der Unternehmenskultur und des Sensibilisierungsgrades der Mitarbeiter unterschiedlicher Hierarchieebenen, Abteilungen und Standorten in Bezug auf Diversity,

c. Ist-Analyse der strategischen Businessziele,

d. Ist-Analyse der Belegschaftsstruktur,

e. Ist-Analyse der Investoren-, Lieferanten-, und Kundenstruktur

SOLL- IST- Vergleich

Abgleich der Ergebnisse aus der Ist-Analyse mit den strategisch erklärten Business-Zielen.

Definition der Diversity Strategie

a. Ableitung einer individuellen Diversity Strategie aus den Soll-Ist- Differenzen des Unternehmens

b. Definition von personalpolitischen und businessrelevanten Maßnahmen, die den Soll-Ist-Lag beseitigen,

c. Konkrete Definition der Meilensteine zur Implementierung der individuellen Diversity Strategie.

Implementierung der Diversity Strategie

a. Durchführung der beschlossenen Maßnahmen,

b. Kommunikation des Diversity Leitsatzes intern und extern.

Evaluation / Controlling

a. Entwicklung von Instrumenten zum Controlling und zur Evaluation von Diversity Maßnahmen (z.B. Diversity Scorecard, weiter unten),

b. Gewährleistung der Einfachheit der Administration und Vermeidung von Bürokratie.

Die Entwicklung und Umsetzung einer Diversity Strategie versteht sich als Prozess, bei dem Unternehmensführung und HR-Management in einem Boot sitzen müssen, um dasselbe Ufer anzusteuern.

Um eine Reise ins Blaue zu vermeiden, werden außerdem folgende zwei entscheidende Faktoren vorab Berücksichtigung finden:

1. Konzipierung der Strategie

© Doreen Anette Ullrich

Damit die Diversity Strategie nicht als „Sozialromantik" wahrgenommen wird, sollte sie aus dem unternehmensbezogenen Business sowie aus den künftigen personalpolitischen Herausforderungen des Unternehmens abgleitet werden (vgl. ebd., S. 357).

2. Implementierung der Strategie

Während der tatsächlichen Einführung der Diversity Strategie ist es von wesentlicher Bedeutung, dass die gesamte Unternehmensführung der Zukunft AG ihr Diversity-Commitment kommuniziert, damit ein Top-Down-Prozess gestartet wird. Ebenso wichtig ist es, dass die Mitarbeiter und Mitarbeiterinnen sensibilisiert werden, um die Implementierung auch Bottum-Up zu aktivieren. Mit diesem Vorgehen wird sichergestellt, dass Diversity Management nicht nur ein modehaftes Lippenbekenntnis ist, sondern im betrieblichen Alltag gelebt und praktiziert wird (vgl. ebd., S. 357).

7.5. Die Diversity-Scorecard[19] als Erfolgsmessinstrument des DiM im Unternehmen Zukunft AG

Wenn ein Unternehmen Diversity umsetzen möchte, gelten die Erkenntnisse Hubbards (2004) als Pionierarbeit. Er erweiterte sozusagen den Kreis der vier Perspektiven[20] der Entwickler[21] der Elemente der Balance Scorecard[22] und betrachtet für dieses Werkzeug des angewandten Diversity-Management anreihende Perspektiven: Financial Impact, Diverse Customer/ Community Partnership, Workforce Profile, Workplace Climate/Culture, Diversity Leadership Commitment und Learning and Growth als grundlegend. Er verweist allerdings darauf, dass die Perspektiven in Abhängigkeit vom Unternehmen sowie seiner Produkte spezifisch ausgestattet sein können wenn nicht sollen (vgl. ebd. S. 261f). Als Unternehmen der dritten Generation sowie nach Diskussionen mit den Prozessverantwortlichen nimmt die Zukunft AG Diversity, unvermindert wie die Autorin, als nachhaltige Ressource mit eigenständigem einmaligen Geschäftsvorteil wahr und zieht im Rahmen der Weiterentwicklung ihrer „Business und Leadership-Ausbildungsprogramme" sowie der Organisationskultur, die Einführung einer Diversity-Scorecard in Betracht, deren grundlegende Bestandteile nachfolgend grafisch aufgeführt werden:

---

[19] „Die Diversity Scorecard verknüpft die Idee des Diversity Management mit dem Konzept der Balance Scorecard und ermöglicht neben der Formulierung, Kommunikation, Steuerung und Implementierung einer auf den Unternehmenserfolg ausgerichteten Diversity-Strategie die Quantifizierung des Diversity-Beitrages zum Unternehmenserfolg sowie die kontinuierliche Verbesserung der Diversity Initiative" (Becker, 2006, S. 261).

[20] Die Balance Scorecard enthält die Elemente: Finanzielle Perspektive, Kundenperspektive, Lern-und Entwicklungsperspektive sowie Kennzahlenperspektive (Becker, 2006, S.261)

[21] Kaplan & Norton | Harvard Universität

[22] Stellt ein Konzept zur Messung, Dokumentation und Steuerung der Aktivitäten eines Unternehmens bzw. einer Organisation im Hinblick auf seine Vision und Strategie dar.

© Doreen Anette Ullrich

Perspektiven der Diversity Scorecard nach Hubbard

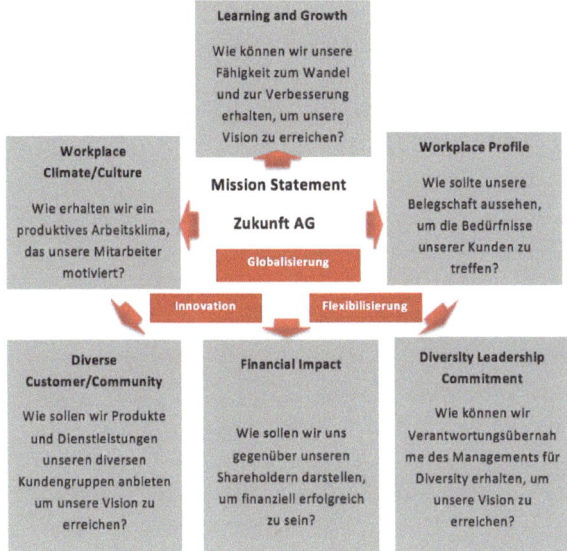

(Abb.: 3: Diversity Scorecard Perspektiven, eigene Darstellung in Anlehnung Hubbard, In: ebd. 2006, S. 262)

Im Rahmen der Vorbereitungsphase wird derzeit über die Ziele und die zukünftige Rolle einer Diversity Scorecard mit dem unternehmenseigenen DiM-Team diskutiert um die konkreten inhaltlichen Aspekte herauszufiltern, die für die Zukunft AG hinlänglich von Relevanz sind. (vgl. Hubbard, 2004, In: ebd. 2006, S. 264) Nachfolgend wird auf die Perspektiven der Diversity Scorecard, in Bezugnahme auf den Nutzen für die Zukunft AG, kurz eingegangen:

⇒ **Diversity Leadership-Commitment-Perspektive**, kennzeichnet sich durch den Grad der Unterstützung der Diversity-Strategie durch das Management, da dies als Vorbild für alle Mitarbeiter und Mitarbeiterinnen zu sehen ist. Wesentlich könnte hierbei der Partizipationsgrad[23] der Führungskräfte bei der Formulierung der Diversity Strategie sein.

⇒ **Workplace Culture/Climate Perspektive**, hierbei würden die Empfindungen und die Zufriedenheit im Speziellen der betroffenen Führungskräfte der Leadership

---

[23] Aus organisationaler Sicht mit der Teilnahme/Teilhabe an diesbezüglichen Entscheidungen der Führungskräfte (Anm. d. Verf.)

© Doreen Anette Ullrich

Ausbildungsprogramme bezüglich verschiedener Arbeitsplatzfaktoren (Klima, Führung, Kultur) erhoben werden, um den Grad der Einführung von mitarbeiterbezogenen Diversity-Maßnahmen darzustellen. Mögliche Kennzahlen wären hier z.B. die Anzahl vorhandener Klagen oder Ratings zur Arbeitsplatzflexibilität.

⇒ **Diverse Customer/ Community-Perspektive**, in dieser Dimension könnte die Flexibilität des Unternehmens angestrebt werden, sich die demografischen Veränderungen des globalen Marktes [bewusst] zu Nutze zu machen und damit eine signifikante Rolle in der Unterstützung seiner lokalen sowie der weiteren Weltgesellschaft zu spielen. Relevante Kennzahlen könnten hierbei z.B. die Analyse der Beziehung der Organisation zu verschiedenen Ethnien, die Analyse des Beschaffungs- und Kontraktverhaltens und die Analyse des philanthropischen Verhaltens umfassen und darstellen, u.a. wie die Wünsche diverser Kunden [künftig besser] befriedigt werden können.

⇒ **Diverse Workforce Profile Perspektive**, unter der Betrachtung der Entwicklungen des Arbeitskräftepotentials mit internationalem Führungskräftebezug, um bei Änderung dieser Faktoren mit dem Wissen über den Einfluss der Diversität auf die Organisation durch entsprechende Maßnahmen eingehen zu können und damit zum Erhalt der organisationalen Effizienz beizutragen. Messgrößen wären hier beispielsweise der Anteil von Minderheiten in Führungspositionen oder auch das Potential von Mitarbeitern und Mitarbeiterinnen bestimmter religiöser Ausrichtungen[24] aufzudecken und gewinnbringend zu nutzen.

⇒ **Learning and Growth Perspektive**, dient dem Aufbau einer langfristigen Infrastruktur zur Vergrößerung der Kernkompetenzen, um so die Bedürfnisse der Arbeitnehmer und (künftigen) Kunden nachhaltiger zu befriedigen. Als potentielle Kennzahlen könnten die Bildungsinvestitionen pro Führungskraft, die Rate der Innovationen pro Führungskraft, oder der Anteil der Führungskräfte mit höherem Abschluss anvisiert werden. Im Rahmen der fokussierten Lean-Management-Strategien innerhalb des Unternehmens wäre zudem die

⇒ **Financial Impact Perspektive** - als Evaluationsaspekt von Bedeutung, wobei die Ergebnisse in Bezug auf die Diversität getroffenen Anstrengungen reflektiert und in der finanziellen Leistung der Organisation ausgewertet werden könnten. Relevant sind hierbei direkte sowie indirekte finanzielle Effekte, die sich aus der Einführung der Diversity-Strategie ergeben, wie z.B. die Analyse von Prozess- und Beschwerdekosten, oder die (mittel- und langfristigen) finanziellen Einsparungen

---

[24] An einem gerade angelaufenen Projekt in der Zukunft AG, im arabischen Raum, werden z.B. nur Mitarbeiter mit muslimischem Glaubensbekenntnis mitwirken (können).

© Doreen Anette Ullrich

aufgrund von Diversity Maßnahmen im Rahmen der Leadership Ausbildungsprogramme und weiterer DiM-Trainings, Mentoring-Programmen, u.ä., der Diversity-Return-on-Investment, verminderte Gerichtskosten oder der Anteil des Diversity Budgets im Vergleich zum Absatz (vgl. ebd. 2006, S. 262ff).

8. Fazit und Ausblick

Wie sich in diesem Fallbeispiel sowie in der aktuellen Entwicklung zeigt, wird das umfassende Spektrum rund um Diversity aufgrund verschiedener gesellschaftlicher und ökonomischer Trends vermutlich zunehmend an Bedeutung gewinnen. Die laufenden Diversity-Trainings in unseren Fallbeispiel leisten hierbei bisher einen tonangebenden Beitrag bei der Reduktion von Stereotypen und Vorurteilen innerhalb der Organisation Zukunft AG und unterstützen damit eines der wichtigsten Ziele des Diversity-Management-Gedanken: die Entwicklung hin zu einer transkulturellen Gesellschaft. Eine wesentliche Aufgabe der zukünftigen Personalentwicklung in der Zukunft AG wird es deshalb sein, bestehende Trainings in ihren Strukturen und Inhalten diesen weitreichenden Entwicklungen anzupassen, um qualitativ hochwertige Designs für verschiedene Trainingstypen und Zielgruppen weiterzuentwickeln. In unserem Fallbespiel zeigt sich bereits jetzt, im laufenden Prozess, dass es sinnvoll war und ist bewusstes Diversity-Management in die „Leadership und Business Excellence Ausbildungsprogramme" des Unternehmens zu implementieren und nachhaltig weiter zu verfolgen. Betont an dieser Stelle sei erneut die wichtige Botschaft, dass Diversity-Trainings ihre gewünschte Wirkung vor allem dann erzielen, wenn die jeweilige Diversity-Maßnahme ein ganzheitliches Diversity-Programm umfasst, inklusive des Bewusstseins über Struktur- und Kulturveränderungen innerhalb der Organisation, selbst wenn sich die Erfolge vor allem mit kurzfristigen Erwartungen als schwer sicht- und messbar erweisen.

Auf jeden Fall sollten sich diese Veränderungen an systematischen Konzepten des Change Managements orientierten und alle Ebenen der Organisation berücksichtigen. (vgl. Tuchtfeldt, 2009, S. 88)

Abschließend möchte die Verfasserin dieser Arbeit mit einer einfachen persönlichen Empfehlung für ihren Kunden:

Die Verantwortlichen der DiM-Initiative könnten und sollten die bisher herausgestellten Diversity-Kompetenzen innerhalb des angestrebten Gesamtkonzeptes hin zu einer „we-are-culture" Strategie verstärkt im Sinne des „Managing-Diversity" nutzen, und damit die umfangreich vorhandene Vielfalt zu einem Ausgangspunkt der künftigen organisationalen Gestaltung machen. Dies könnte sich ganz einfach so ausdrücken, dass gezielte Selbstreflexionen, „Diversity-bezogene" Tagesereignisse als wesentlicher Baustein zur

© Doreen Anette Ullrich

Steigerung der interkulturellen Kompetenz herangezogen werden. Dies indem bspw. nach jedem Gespräch mit einem Mitarbeiter oder einer Mitarbeiterin oder Kollegen folgende sprachlich relevante Metaperspektive eingenommen werden könnte: „Wie hat sich dieses Gespräch über XYZ für sie angefühlt?" Aus Sicht der Autorin gelten Reflexionsfähigkeit und kollegiale Supervision in der zwischenmenschlichen sowie in organisationaler Hinsicht hinlänglich als strategisch größtmöglicher Vorteil in (jeder) Organisation.

Danke.

© Doreen Anette Ullrich

Anhang A

Verwendete Literatur

Barmeyer, Christoph I., Bolten, Jürgen (Hrsg.) (2010). Interkulturelle Personal- und Organisationsentwicklung. Methoden, Instrumente und Anwendungsfälle. Wissenschaft und Praxis.

Bolten, Jürgen, (2007). Einführung in die Interkulturelle Wirtschaftskommunikation. Göttingen: Vandenhoeck & Ruprecht

Becker, Manfred und Alina Seidl (Hrsg. 2006). Diversity Management, Unternehmens- und Personalpolitik der Vielfalt. Ulm: Schäfer & Poeschel

Bötel, C. & Krekel, E. (Hrsg.) (2001): Bedarfsanalyse, Nutzenbewertung und Benchmarking: Zentrale Elemente des Bildungscontrollings. Bielefeld: Bertelsmann

Cox, Taylor (2001). Creating the Multicultural Organization – A Strategy for Capturing the Power of Diversity. San Francisco: Jossey-Bass,

Ditzel, Ulrike (2009). Diversity Management – Umsetzung eines amerikanischen Konzepts in Deutschland. Friedrich Schiller Universität Jena. Philosophische Fakultät. Fachgebiet Interkulturelle Wirtschaftskommunikation. Diplomarbeit

Erpenbeck, John & Sauter, Werner (2007). Kompetenzentwicklung im Netz. Köln: Personalwirtschaft

Hasebrook Joachim & Jablonowski Lara (2011) In: Faix, Werner G., Michael Auer (Hrsg.), Kompetenz. Persönlichkeit. Bildung. Band 3, 1. Auflage 2011, Stuttgart: Steinbeis-Edition

Frevel, A. (2000) Bedarfsplanung als partizipative Qualifizierungsplanung. In Bötel, C. & Krekel, E. (Hrsg.). Bedarfsanalyse, Nutzenbewertung und Benchmarking. Zentrale Elemente des Bildungscontrollings. Bielefeld: Bertelsmann

Holmes Stephan/ Marion Keil/ Badrudin Amershi/ Hans Jablonski/ Erika Lüthi, Kazuma Matoba/ Angelika Plett and Kailash von Unruh (2007). Trainingshandbuch Diversity Management. Online verfügbar unter:
http://www.tirol.gv.at/fileadmin/www.tirol.gv.at/themen/gesellschaft-und-soziales/integration/downloads/Leitbild-neu-Stand_Jaenner_2009/AK4-Gleichstellung/Diversity-Trainingshandbuch_08.pdf
Internationale Gesellschaft für Diversity Management – idm (abgerufen am 06.09.2013)

Krell, Gertrude/ Barbara Riedmüller/ Barbara Sieben/ Dagmar Vinz (Hrsg.) (2007). Diversity Studies- Grundlagen und disziplinäre Ansätze. Campus

Lüthi, Erika/ Oberpriller Hans/ Loose Anke/ Orths Stephan (2013). Teamentwicklung mit Diversitymanagement - Methoden, Übungen, Tools. Haupt

Schröer, Hubertus (2006): Expertise: Interkulturelle Öffnung und Diversity Management. Online verfügbar unter: http://www.i-iqm.de/dokus/Expertise.pdf (abgerufen am 06.09.2013)

Stuber Michael (2012). Diversity-Management als Leitbild von Personalpolitik. Beiträge zum Diversity Management Dieter Wagner (Hrsg.). Bernd-Friedrich Voigt (Hrsg.). Heidelberg: DUV Gabler Edition Wissenschaft

© Doreen Anette Ullrich

Tuchtfeldt, Shirley W.D. (Hrsg. 2009) Managing Diversity und Diversity Training. Konzepte und Maßnahmen gehen die Reproduktion von Stereotypen und Vorurteilen, Universität Hamburg, Fakultät für Wirtschafts- und Sozialwissenschaften, Fachbereich Sozialökonomie, Masterprogramm Human Ressource Management- Personalpolitik, Managing Diversity- Betriebliche Strategien. Diplomarbeit

Ullrich, Doreen A. (2013). Seminar zur Kulturspezifik des Wahrnehmens. Donau Universität Krems. Modul Interkulturelle Wirtschaftskommunikation und Kooperation.

Vedder Günther (Hrsg. 2005): Diversity-orientiertes Personalmanagement. Trierer Beiträge zum Diversity Management. Rainer Hampp

Vedder, Günther. http://www.migration-boell.de/web/diversity/48_420.asp

Wrench John (2007). Diversity Management and Discrimination. Immigrants and Ethnic Minorities in the EU. Ashgate

© Doreen Anette Ullrich

Anhang B

Angewendete Diversity-Diagnosetools in der Zukunft AG im Rahmen dieser Arbeit

→ Beispielhaftes Anschreiben der betroffenen Mitarbeiter der Zukunft AG im Focus dieser Arbeit

→ Allgemeine Angaben zu den Interviewten

→ Beobachtungsraster der Diversity-Entwicklung bei der Zukunft AG

→ Fragebogen: Bewusstsein über Identität und Selbstkonzept

→ Bewertungsraster: Haltung

→ Fragebogen: Selbsteinschätzung von Diversity Kompetenzen

→ Fragebogen: Ambiguitätstoleranz

→ Fragebogen: Empathische Kommunikation

Fragebögen zu Unternehmenszusammenhängen in der Zukunft AG

→ Fragebogen: Vision und Strategie

→ Fragebogen: Kultur und Identität

→ Fragebogen: Führungsstil

→ Fragebogen: Kooperation | Teamworking

→ Fragebogen: Personalentwicklung

→ Zukunftsvision: Diversity Management in der Zukunft AG in 5 Jahren

Beispielhaftes Anschreiben im Focus dieser Arbeit

Sehr geehrte Mitarbeiterinnen und Mitarbeiter der Zukunft AG,

im Zuge einer wissenschaftlichen Arbeit an der Donau-Universität Krems zum Thema: „Diversity Management" bin ich mit der Bitte an Ing. Erfolg (MBA) herangetreten, um eine praktisch-empirische und unternehmensbezogene Forschungsstudie in ihrem Betrieb durchführen zu dürfen.

Meine Arbeit beschreibt die fiktive, aber ausführbare Implementierung eines strategischen Diversity-Modells, wobei es darum geht: die einzigartige Vielfalt der Belegschaft bei der Zukunft AG im internationalen Kontext als nachhaltige Weiterbildungsressource - im Speziellen in der „Leadership-Entwicklung" sowie weiterführend als strategischen Wettbewerbsfaktor des Unternehmens - bewusster zu nutzen.

© Doreen Anette Ullrich

Damit würde einerseits der globalen Veränderung des Wirtschaftsmarktes diesbezüglich Rechnung getragen, deren externe und interne Bedingungsfaktoren womöglich auch bei der Zukunft AG als wesentliche Treiber für nachhaltige Wertschöpfungsprozesse eingestuft werden können, sowie zum anderen eine erstmalige Erhebung des „Diversity-Potentials" erzielt, welches zu einer besseren Übereinstimmung zwischen internen Unternehmensbedürfnissen, den Aufgaben und den Mitarbeiterprofilen zur Folge haben kann. Ihre Unterstützung könnte u.a. auch dazu führen, dass Mitarbeiter und Mitarbeiterinnen länger im Unternehmen bleiben (wollen) sowie könnte sie die Innovation der Unternehmensweiterentwicklung erhöhen.

Meine Bitte an sie:
Denken sie bitte einmal bewusst über ihren Betrieb und in dem Zusammenhang auch über sich selbst nach – was sind die Stärken, Schwächen, Probleme und Bedürfnisse?

Folgende Fragen dienen hierbei ausschließlich Ihrer Reflexionsinnovation und erfordern keine schriftliche Beantwortung.

Was glauben sie persönlich als Führungskraft:
- Was stärkt die Zukunft AG?
- Was schwächt sie?
- Welche Probleme hat es in letzter Zeit innerhalb dieses Betriebes gegeben?
- Holen wir alle das Meiste aus unseren Managern und Managerinnen sowie unserer Belegschaft heraus?
- Besteht das richtige Verhältnis zwischen Fähigkeiten und Berufserfahrung, um den Erfordernissen des Betriebes und des Marktes gerecht zu werden?
- Ermöglicht mein Führungsstil anderen, Verantwortung zu übernehmen und leistungsfähig zu sein?
- Wie Facettenreich ist der Markt?
- Wird die Vielfalt am Arbeitsplatz größer oder kleiner in Bezug auf demographische, technische und lebensstilabhängige Veränderungen? Reagieren wir darauf?
- Wie vielfältig nehmen Sie die Belegschaft in Ihrem Betrieb wahr? Gibt es z. B. verschiedene Persönlichkeits- Merkmale, Arbeitsstile, -ansätze und -praktiken sowie neue Problemlösungswege?

Meine Bitte an sie besteht (ausschließlich) in der Beantwortung der nachfolgenden kurzen Fragebögen.

© Doreen Anette Ullrich

Vielen herzlichen Dank für ihre Bemühungen. Über die Studienergebnisse werden sie selbstverständlich transparent informiert.

Mit freundlichen Grüßen

Allgemeine Angaben zu den Interviewten

Interviewer: Befragte/r:

                                                Datum:

Befragte/r:

a) Alter:
b) Länge der Unternehmenszugehörigkeit:
c) Geschlecht: weiblich | männlich
d) Ethnischer Hintergrund (Volkszugehörigkeit):
e) Aktuelle Position:

Führungsverantwortung ◯   keine Führungsverantwortung ◯

Diese folgenden 2 Beobachtungsraster und Diagnosemethoden geben Aufschluss zum Thema Diversity (die Selbst-und Fremdeinschätzung zur Vielfalt bei der Zukunft AG). Ihre Einschätzungen geben Hinweise dazu, in welchem Feld sich die Organisation | Führungskraft befindet, in welchem Bereich Stärken vorhanden sind und wo allenfalls noch Handlungsbedarf besteht oder wo Interventionen zur Optimierung ansetzen können.

Bewertungsskala: 1 = trifft nicht zu | 4 = trifft voll zu

Fragebogen: Das Bewusstsein über Identität und Selbstkonzept

Sicherheit im Umgang mit sich selbst.

Bewertung	1	2	3	4
Ich habe ein Bewusstsein für die eigene Sozialisation und die eigenen kulturellen Normen und Werte.				
Ich bin in der Lage, die eigenen Normen und Werte zu hinterfragen.				
Ich habe grundsätzlich die Bereitschaft, veraltete Überzeugungen loszulassen.				
Ich kenne mein Prägungen und mentalen Modelle.				
Ich habe ein Bewusstsein für meine Stärken und Schwächen und ein gutes Selbstwertgefühl.				
Ich bin bereit zu ständigem Lernen und zu immer wieder neuen Erkunden des Fremden und meiner eigenen Möglichkeiten.				

© Doreen Anette Ullrich

Fragebogen: Bewertungsraster Haltung

Bewertung	1	2	3	4
Im Unternehmen Zukunft AG werden kulturelle Unterschiede wahrgenommen.				
Unterschiede innerhalb des Teams werden akzeptiert „Du darfst anders sein."				
Führungskräften ist bekannt, welches Verhalten das Nutzen der Vielfalt beinhaltet.				
Die Führungskräfte kennen die eigene Vielfalt (Qualitäten, Fähigkeiten, Stärken und Schwächen).				
Die Führungskräfte kennen die Vielfalt der anderen (Qualitäten, Fähigkeiten, Stärken und Schwächen).				
Es findest eine weitgehende Auseinandersetzung zu den eigenen Werten und derjenigen des Unternehmens statt.				
Die „Akzeptanz von Unterschiedlichkeiten" und „Nutzen der Vielfalt" wurden zu verbindlichen Werten erklärt und werden im Arbeitsalltag gelebt.				
Die eigene Vielfalt wird bewusst eingesetzt.				

Fragebogen: Selbsteinschätzung von Diversity Kompetenzen

Die folgenden 3 Fragebögen können zur Einschätzung der eigenen Diversity-Kompetenzen genutzt werden. Die Einschätzungen geben Hinweise dazu, wo die einzelne Person stark ist und wo Entwicklungspotential vorhanden ist. Das Entwicklungspotential wird im Zuge dieser wissenschaftlichen Erhebung in Lernziele umformuliert und kann somit künftig z.B. auch in Mitarbeitergespräche eingebaut werden und dem HR-Management bzw. der Personalabteilung des Unternehmens dienen.

Bewertungsskala: 1 = trifft nicht zu | 4 = trifft voll zu

Bewertung	1	2	3	4
Ich habe das Bewusstsein, wie und warum Wahrnehmungen unterschiedlich sind.				
Ich bin in der Lage Bewertungen (wahr/falsch) zu reduzieren.				
Ich bin mir des eigenen Nichtwissens	Nichtverstehens bewusst.				
Ich lasse mich (auch) auf die Darstellungen, Bilder und Emotionen der anderen ein.				
Ich bemühe mich ernsthaft die unterschiedlichen Wirklichkeiten der Menschen zu akzeptieren.				
Ich bin in jeder Situation bemüht, die Standpunkte, Sichtweisen und Vorgehensweisen nicht abzuwerten, sondern suche die Vorteile darin.				

© Doreen Anette Ullrich

Fragebogen: Ambiguitätstoleranz

Unterschiedlichkeiten aushalten können.

Bewertung	1	2	3	4
Ich halte komplexe, schwierige Situationen aus und bleibe offen.				
Ich akzeptiere Ungeklärtes, lasse es stehen, dulde Widersprüche und kann mit Brüchen leben.				
Ich akzeptiere Mehrdeutigkeiten und verzichte auf Eindeutigkeit.				
Ich ersetze „entweder- oder" durch „sowohl als auch".				
Ich mache Unterschiede gegenseitig fruchtbar, (anstatt sie abzuwerten).				
Ich toleriere Fehler bei mir und anderen.				

Fragebogen: Empathische Kommunikation

Bewertung	1	2	3	4
Ich höre zu, frage nach, spiegle Verstandenes zurück.				
Ich kann eine eigene, abweichende Meinung konstruktiv vertreten.				
Ich besitze Einfühlungsvermögen in andere (auch Außenseiten) Positionen.				
Ich bin offen für andere Sichtweisen.				
Ich bin sensibel für das, was ich mit meiner Reaktion bei anderen auslösen kann.				
Ich habe ein positives Menschenbild und unterstelle dem anderen per se gute Absichten.				
Ich kann Feedback geben und annehmen.				

Fragebögen zu Unternehmenszusammenhängen in der Zukunft AG

Die ständig steigende Komplexität der Unternehmenszusammenhänge durch die Vielfalt ihrer Aktionäre, Kunden, Zulieferer, Kollegen und Interessensgruppen bei der Zukunft AG und die sich verändernden politischen und ökonomischen Kontexte erfordern bewusste Schritte, um diese Vielfalt aktiv zu managen.

Die Forschung zeigt, dass viele Unternehmen sich selbst einschränken, weil sie sich „geistig" auf ihren bisher existierenden Markt konzentrieren. Das bedeutet, dass diese Unternehmen in einem mit ihnen bereits bekannten und damit begrenzten Markt agieren und ihre Aktivitäten nicht auf neue Märkte ausdehnen, um Vorteile daraus zu ziehen. Und das Ergebnis von bereits etablierten Geschäftsroutinen weist stets auf einen Mangel an interner Vielfalt hin, der wiederum die Entwicklung neuer Ideen bremst.

Forschungen haben gezeigt, dass sehr wenige Führungskräfte, Manager und Managerinnen, vor allem wenn sie eine Zeit lang im Betrieb sind kaum Zeit haben bzw. sich bewusst die Zeit nehmen, über Ihre Unternehmensentwicklung (u.a. (Zukunfts-) Vision, Strategie, Unternehmenskultur...) nachzudenken, da sie ständig in ihre alltäglichen Aktivitäten eingebunden sind.

© Doreen Anette Ullrich

Bevor damit begonnen wird, eine mögliche, bewusste Diversity-Strategie zu implementieren, sollten deshalb vor allem betroffene Führungskräfte anschließende Fragen reflektieren:

Fragebogen: Vision und Strategie

Bitte beschreiben sie ihre Organisation und ihre hauptsächlichen Herausforderungen.	
Welcher Vision folgt ihr Unternehmen?	
Welche Idee/ Vorstellung haben sie von der aktuellen Strategie ihres Unternehmens?	
Wenn sie die/der Geschäftsführerin wären, welche Entscheidungen würden sie für eine erfolgreiche Zukunft treffen?	
Wie denken sie im Allgemeinen über die Zukunft ihres Unternehmens?	

© Doreen Anette Ullrich

Fragebogen: Kultur | Identität

Was hat sie dazu veranlasst, für dieses Unternehmen zu arbeiten?	
Was hat sie (bisher) dazu ermutigt, zu bleiben?	
Was konkret würde sie dazu bringen, freiwillig zu gehen?	
Worauf sind Sie unternehmensbezogen besonders stolz?	
Was waren die wichtigsten Quellen zur Erfüllung ihrer Erwartungen?	
Was waren die Hauptfaktoren ihrer unerfüllten Erwartungen?	
Beschreiben sie ihr Unternehmen wie folgt: Es ist wie . . .	
Beschreiben sie mögliche Faktoren, die ihre Fähigkeit, sich einzubringen, behindern.	
Wie kann man in ihrem Unternehmen ansehen gewinnen?	
Welche Verhaltensweisen und individuellen Eigenschaften werden in ihrem Unternehmen nicht wertgeschätzt?	
Wie wird mit neuen Ideen, Vorschlägen und Innovationen in Ihrem Unternehmen umgegangen?	
Was bedeutet Vielfalt, für Sie persönlich?	
Empfinden sie Vielfalt in ihrer Organisation mehr als Störung oder mehr als Potential?	

© Doreen Anette Ullrich

Fragebogen: Führungsstil

Wie würden sie den typischen Führungsstil in ihrem Unternehmen beschreiben?	
Und wie ihren eigenen? (bei Führungsverantwortung)	
Was sind aus ihrer Sicht die 1-2 ungeschriebenen Regeln, an die man sich als Leiter in Ihrem Unternehmen halten muss?	
Welche 2 Top-Eigenschaften sind bei der Identifikation potentieller Führungskräfte und des Managements gefragt?	
Bitte charakterisieren sie mit drei Worten eine Person, die in ihrem Unternehmen Karriere macht.	
Wie geht die Führungsebene in ihrem Unternehmen normalerweise mit unterschiedlichen oder sogar kontroversen Einstellungen, Meinungen, Vorschlägen, Kompetenzen oder Hintergründen um?	
Worauf achten sie, wenn sie ein neues Team zusammenstellen?	
Wie wichtig finden Sie Vielfalt in Ihrem Team?	
Erhalten sie regelmäßiges Feedback von ihrem Vorgesetzten?	

© Doreen Anette Ullrich

Fragebogen: Kooperation | Teamworking

Wie beurteilen sie die Kooperation mit ihrem Management-Team?	
Bitte beschreiben sie, wie Entscheidungen in Ihrem Unternehmen getroffen werden.	
Wie gut fühlen sie sich über die aktuellen Begebenheiten in ihrem Unternehmen informiert?	
Wie zufrieden sind sie in Hinblick auf Kooperation und Vertrauen in Ihrem Team/ ihrer Abteilung?	
Wie zufrieden sind sie in Hinblick auf die Zusammenarbeit ihrer Abteilung mit anderen Abteilungen?	
In welchen Bereichen liegen die hauptsächlichen Felder für Verbesserung in ihrem Unternehmen?	
Was sehen sie als typischen Konflikt in ihrem Unternehmensalltag an und wie geht ihr Unternehmen damit um?	
Gibt es formale Feedbackprozesse, die in ihrem Unternehmen etabliert sind?	
Bitte beschreiben sie wichtige informelle Kommunikations-Netzwerke in ihrem Unternehmen.	
Beschreiben sie den Kommunikationsstil in ihrem Unternehmen: Formell – spontan – persönlich – vertrauensvoll	

© Doreen Anette Ullrich

Fragebogen: Personalentwicklung

Wie stellt ihr Unternehmen sicher, Top Talente anzuziehen und einzustellen?	
Was sehen sie als die wichtigsten zukünftigen Herausforderungen für Einstellungsverfahren und Mitarbeiterinnen Bindung?	
Wie wird ihr Unternehmen zukünftig Ihren Erfolg im so genannten "war for talents" sicherstellen?	
Welches sind die Hauptauswahlkriterien in ihren Assessment Centren?	
Wie würden sie den Stellenwert von Vielfalt und Diversity Management im Personalmanagement ihres Unternehmens einschätzen?	
Was bedeutet Vielfalt für das Personalmanagement? Ethische Verpflichtung? Gesetzliche Erfordernis? Möglicher Geschäfts-Mehrwert?	
Was sehen sie als die hauptsächlichen Herausforderungen betreffend Diversity für die Geschäftsführung und für die Belegschaft in ihrem Unternehmen an?	
Welche Management Tools werden aktuell verwendet, um Diversity zu implementieren?	
Wie werden in ihrem Unternehmen High Potentials gefördert? Werden Frauen, Personen mit Minderheiten Hintergrund, andere Nationalitäten, etc. ausreichend abgedeckt?	

© Doreen Anette Ullrich

Zukunftsvision: Diversity Management bei der Zukunft AG in 5 Jahren

Versuchen sie sich Ihr Unternehmen (Team) in 5 Jahren vorzustellen. Sie haben soeben den internationalen Preis für das erfolgreichste Diversity Team des Jahres erhalten. Welche Bilder zeigen sich bei ihnen?	
Was genau hat dazu geführt das, dass ausgerechnet Ihr Unternehmen |Team diesen Preis erhalten hat?	
Welche Fakts würde ihre Lobesrede am Tag der Preisverleihung enthalten?	

(vgl. Lüthi et al, 2009 & Trainerhandbuch Diversity Management, Europäische Kommission für Diversity, 2006)

© Doreen Anette Ullrich

Anhang C

Beispielhafte Hintergrundfragen eines „Kick-off-Workshops" im Rahmen geplanter Diversity Trainings bei der Zukunft AG

Die Umsetzung erfolgt anhand folgender Fragestellungen:

⇒ Inwieweit werden Konzeptualisierungen von „Interkulturalität" und „interkultureller Kompetenz" im Spektrum des Diversity derzeit über den Bereich der Personalentwicklung hinaus auch in organisationaler Hinsicht diskutiert?

⇒ Lassen sich z.B. Verankerungen in Unternehmensgrundsätzen, Leitbildern, Verhaltenscodices etc. nachweisen?

⇒ Wie wirken sich aktuelle „Megatrends" und gesellschaftliche Entwicklungstendenzen auf Konzeptionalisierungen von Personal- und Organisationsentwicklung aus?

⇒ Welche strukturellen Veränderungen sind für die internationale Personalarbeit zu erwarten?

⇒ Welche Auswirkungen könnte dies auf die Diversity Kompetenzentwicklung im Unternehmen nach sich ziehen?

Die Planung einer interkulturellen Diversity Strategie wurde im Weiteren nach dem Modell von Schröer grob in drei Phasen aufgeteilt:

- die Vorphase der Auftragsklärung und Programmentwicklung
- die Durchführungsphase mit ihren methodischen Ansätzen und
- die Nachphase mit Elementen der Sicherung von Nachhaltigkeit.

VORPHASE
Fragen zur Auftragsklärung und Zielbestimmung

⇒ Welche (realistischen) Ziele, in welcher Zeit soll der Veränderungsprozess für die Organisation (durchlaufen (Bedürfnisse und Erwartungen)?

⇒ In welchen Kontexten (z.B. Personal- und/oder Organisationsentwicklung) wird der Prozess eingebettet?

⇒ Welche Zielgruppen unter welchen Voraussetzungen werden angesprochen?

⇒ Liegt Freiwilligkeit vor oder ist eine gezielte Auswahl vorgenommen worden?

⇒ Wie ist die Zusammensetzung nach Profession, Hierarchie, Ethnie, Geschlecht, Alter? Ist das transparent?

⇒ Existieren Widerstände in der Organisation gegen Diversity Management?

⇒ Gibt es bei den Mitwirkenden Vorerfahrungen in Bezug auf Diversity Management und welcher Art sind diese?

© Doreen Anette Ullrich

⇒ Ist eine gezielte Aufklärungs- und Motivationsarbeit durchgeführt worden?

⇒ Welche externen Trainer sind kompetent und geeignet?

⇒ Ist das Qualifikationsprofil der Beraterinnen und Berater erkennbar (Interkulturelle Kompetenz, pädagogische Qualifikation, fachübergreifende Qualifikationen, Praxiserfahrung)?

⇒ Gibt es Tandem-Teams mit Mann/Frau und Deutschland/Migrationserfahrung?

⇒ Liegen theoriegeleitete Programmbeschreibungen und Konzeptionen für den Veränderungsprozess vor?

⇒ Sind Ziele formuliert, die die interkulturelle Öffnung erreichen soll? (Z.B. interkulturelle Kompetenz erweitern, Kohärenzgefühl schaffen, Ambiguitäts-Toleranz fördern usw.)

⇒ Ist das angebotene Programm zielgruppenspezifisch angelegt und offen für Veränderungen?

⇒ Sind die vorgesehenen Methoden für alle Beteiligten klar formuliert und transparent und für die Zielerreichung geeignet?

Fragen zur Programmentwicklung

Liegt eine genaue Beschreibung des Vorgehens vor?

Sind die konkreten Ziele festgelegt im Hinblick auf:

✓ Auf Wissensziele?

✓ Einstellungsveränderungen?

✓ Verhaltensveränderungen?

✓ Veränderungen von Individuen, Gruppen oder Organisationen?

Sind die Inhalte und Maßnahmen der Trainings dargestellt und transparent?

Sind die Methoden und Medien ausgewählt und für die Zielerreichung angemessen?

Fragen zu organisatorischen Standards

✓ Ist die geplante Dauer der interkulturellen Trainings den Zielen angemessen? (Halb- oder Ein-Tages-Seminare: mindestens 3, besser 5 Tage; optimal eine Einführungs- mit Vertiefungsveranstaltung/en?)

✓ Ist die Teilnehmerzahl (7 und nicht mehr als 16 Personen) angemessen?

✓ Sind die Räume ausreichend? (Anzahl, Größe, Ausstattung, Ambiente usw.)

✓ Ist das notwendige Material vorhanden (Stellwände, Flip Charts, Moderationskoffer, Technik, usw.) vorhanden?

✓ Ist eine Evaluation/Auswertung vorgesehen?

✓ Bei längerfristigen Ausbildungen/Multiplikatorenschulungen: Gibt es ein Zertifikat? Wenn ja, von wem? Vom Anbieter oder einer anderen anerkannten Institution?

© Doreen Anette Ullrich

DURCHFÜHRUNGSPHASE

⇒ Liegt ein durchstrukturierter, in sich schlüssiger Ablaufplan vor?

⇒ Welche methodischen Ansätze kommen zum Einsatz (Orientierung am Bedarf der Teilnehmenden; kognitive, themenzentrierte, handlungsorientierte, erfahrungsbezogene Konzepte)?

⇒ Passen die unterschiedlichen Methoden und Übungen zum theoretischen Rahmen und für die vorgesehenen Ziele (biografische Methoden, Rollenspiele, Forumsszenen, Interaktionsübungen, Erkundungen, Critical Incidents, theoretische Inputs)?

⇒ Finden Prinzipien der Erwachsenenpädagogik Berücksichtigung?

⇒ Ist eine durchgehende Moderation und Betreuung vorgesehen (kein häufiger Wechsel der Trainerinnen und Trainer)?

⇒ Wird den Teilnehmenden ein begleitendes Coaching angeboten?

⇒ Gibt es Informationsmaterial/Handouts zu den theoretischen Inputs?

⇒ Ist eine Aus- bzw. Bewertung der Inhalte und Personen vorgesehen?

⇒ Sind – bei längerfristigen Aus- und Weiterbildungsmaßnahmen – individuelle Förderpläne vorgesehen?

NACHPHASE UND SONSTIGE RAHMENBEDINGUNGEN

⇒ Fließen die Auswertungsergebnisse in Konzeption und Durchführung des Trainings ein?

⇒ Gibt es eine Nachbetreuung der Teilnehmenden oder der Multiplikatorinnen und Multiplikatoren?

⇒ Finden Austausch und Vernetzung mit der Praxis interkultureller Arbeit, mit der Wissenschaft und mit Aus-, Fort- und Weiterbildungsinstitutionen statt?

Wenn die in diesen Fragen enthaltenen Standards beachtet und von den Organisatoren einer optimierten Diversity-Strategie eingefordert werden, dann sind erfolgreiche Lernprozesse möglich und Veränderungen auf der Einstellungs- und Verhaltensebene vermutlich nach den vorliegenden Berichten zu erwarten. Somit sind die Rahmenbedingungen interkultureller Personalqualifizierung und hier insbesondere in Bezug auf die Rolle der Leadership-Entwicklung gerechtfertigt.

© Doreen Anette Ullrich

Impressum

MOON HOUSE PUBLISHING

Schwanthalerstrasse 69

5026 Salzburg

Österreich

Tel. +43 664 3264848

UID: ATU 408 675 03

Mitglied der Wirtschaftskammer Oberösterreich

Fachgruppe / Berufszweig:

Buch- und Medienwirtschaft / Buch-, Kunst- und Musikalienverlag

Berufsrecht: Gewerbeordnung: www.ris.bka.gv.at

Aufsichtsbehörde/Gewerbebehörde:

Bezirkshauptmannschaft Vöcklabruck

Offenlegung gemäß §25 Mediengesetz:

Medieninhaber: MOON HOUSE PUBLISHING

Doreen Ullrich

Firmensitz (Ort der Hauptniederlassung):

Salzburg

Unternehmensgegenstand: Verlag

www.moonhouse.biz

© Doreen Anette Ullrich

www.ingramcontent.com/pod-product-compliance
Lightning Source LLC
Chambersburg PA
CBHW040817200526
45159CB00024B/3007